Verse fürs Leben trefflich gereimt

Wolfgang Göltl

Verse fürs Leben trefflich gereimt

100 Gedichte

über Lebenssinn, Natur und Mensch

Bibliografische Information der Deutschen Nationalbibliothek:
Die Deutsche Nationalbibliothek verzeichnet diese Publikation in der Deutschen Nationalbibliografie; detaillierte bibliografische Daten sind im Internet über http://dnb.d-nb.de abrufbar.

Impressum
© 2019 Wolfgang Göltl, Ingolstadt
Umschlagfoto: © Wolfgang Göltl

Herstellung und Verlag:
BoD – Books on Demand, Norderstedt
ISBN 9783752670448

Erläuterungen zum Buch

Die Gedichte sind in einfacher Sprache gehalten, die frei ist von einer heute oftmals gern praktizierten Lyrik, die mit einer hypermodernen Fabulierkunst glänzt (oder glänzen will). Sie sind klar verständlich formuliert, so dass sie sehr zugänglich sind. Es handelt sich schlicht um Gedichte aus und für den Alltag. Von daher könnte man sie durchaus als Gebrauchsgedichte betrachten.

Die Gedichte sind in unterschiedliche Kategorien gegliedert und mit einer kurzen Einführung versehen sind. Auf diese Weise geordnet, handeln sie von der Natur, von Schrebergärten, vom Sinn des Lebens und vom Menschen allgemein bei zeitkritischer Betrachtungsweise.
Den Abschluss bilden einige Gedichte im bayerischen Dialekt, wobei auf eine Schreibweise geachtet wurde, die auch für Nichtbayern keine unüberwindbare Hürde darstellt.

Mit den Gedichten über den Sinn des Lebens mag vielleicht ein heißes Eisen angepackt sein, denn über den Lebenssinn kann man streiten, sofern man sich damit überhaupt befasst. Die Ansichten darüber gehen oft weit auseinander, was nicht zuletzt auch abhängig sein mag von der jeweiligen Religion oder von einer individuellen Lebenseinstellung.

Ein Wort zuvor

Fürs Dichten sollt' man Reime finden,
doch ist nicht alles, was sich reimt,
am Ende wirklich ein Gedicht.
Gar manches Mal muss man sich schinden,
damit sich alles gut verleimt
und nicht der Lesefluss zerbricht.

Selbst große Dichter in der Zeit,
die geistreich mit dem Worte spielten,
bekamen diese Last zu spüren.
Oft waren Verse nicht bereit,
weil sie nicht gut zusammenspielten,
um Herz und Auge zu verführen.

So mussten diese Dichter oft,
gar manches Wort mit Füßen treten,
wenn es sich wehrte hint' und vorn.
Auch ich, als Laie, unverhofft,
hab ständig meinen Geist gebeten,
dass er mir trenne Schrot vom Korn.

So bitt ich meine Leser*Innen,
was man den Großen nachsieht gern,
auch mir, dem Kleinen, zu vergeben.
Ich möchte Ihre Gunst gewinnen
und wünsche allen insofern
viel Freude, Spaß und Lust daneben.

NATUR – EIN KOSTBARER SCHATZ

Wenn im Jahr die Tage länger werden, beginnt schon bald das Wunder der Natur mit einer einzigartigen und märchenhaften Vielfalt aus der Winterruhe zu erwachen. Für die meisten Menschen ist der Frühling die wohl schönste Jahreszeit, in der Herz und Seele neue Nahrung erhalten.

Und der Wald? Er hat für die Deutschen eine ganz besondere und außergewöhnliche Bedeutung, wie man sie bei anderen Völkern in dieser Weise kaum kennt. Der deutsche düstere Wald war schon bei den alten Germanen von unendlich vielen Mythen umrankt. Und die Nachkommen haben nie aufgehört, ihren von Sagen und Legenden umwobenen Wald in geradezu mystischer Weise zu lieben und ihm die Treue zu halten. In unzähligen Liedern, Geschichten und Gedichten hat man ihm ein lebendiges und bleibendes Denkmal gesetzt.

O Mensch, der du vorüber gehst

Es flüstert leise die Natur,
gib mir in deinem Herzen Platz,
denn ich erleide große Pein.
Ein bisschen Liebe brauch´ ich nur,
drum hüte mich wie einen Schatz,
dann will ich immer für dich sein.

O Mensch, so sieh´ doch die Tortur,
die ich ertrage als Natur.
Ich sterbe oft gar manchen Tod.
O Mensch, der du vorüber gehst
und vor dem kleinen Marterl stehst,
erbarme dich, sieh´ meine Not.

Du spürst des Schöpfers Allgewalt,
in allen Weiten der Natur.
Du musst nicht suchen, fühle nur,
bist´ selber doch ein Stück von mir.
Was du mir antust, gilt auch dir,
drum sorg für mich und gib mir Halt.

Ich danke für den Tag

Der Morgen löst die Knebel
und alle Sterne verblassen.
Es steigen sanft die Nebel
und weichen dem Tag.

Ein silbern glitzernder Schimmer
schmückt lieblich Halm und Blumen.
Und Tränen von hellem Flimmer
ersehnen den Tag.

Ganz leis´ klingt aus dem Wald
ein Liedchen voller Zärtlichkeit.
Gar viele Stimmchen verkünden bald
den neuen Tag.

Es hebt die Lerche sich empor
und tanzt sich in die Lüfte.
Hoch droben vor dem Himmelstor
begrüßt sie den Tag.

Ein leuchtend heller Strahl durchbricht
den dunklen Tannendom.
Die Sonne spendet warm ihr Licht
und leuchtet dem Tag.

Ich freu mich der Schöpfung aus tiefer Brust
und lobe den Herrn über mir.
Ich fall in den Taumel der Sinnenlust
und danke für den Tag.

Meine stummen Freunde

In meinem Herzen rauscht der Wald
und Stille herrscht in seinen Weiten.
Er ist schon tausend Jahre alt
und wird noch sein in fernen Zeiten.

Ein silberheller Strahl durchbricht
den ewig dunklen Tann.
Wie Märchenzauber wirkt das Licht
und hält mich fest in seinem Bann.

Wie Freunde stumme, sind die Bäume
und stillen meiner Seele Drang.
Hier habe ich die schönsten Träume
ganz ungetrübt von jedem Zwang.

Wenn feierlich die Gegend schweigt,
dann spür ich göttlich reine Milde.
Hier hab ich mich schon oft verneigt,
denn hier wacht Gott mit seinem Schilde.

Frühlingsahnen

Frühlingsahnen steigt herauf,
rührt an meiner Seele fein.
Sehnsucht wachet in mir auf,
strömt voll Freud´ ins Herz hinein.

Zauberwelt – ich spür sie schon,
öffnet seine Tore weit.
Sonnenlicht besteigt den Thron,
schenkt der Welt ein neues Kleid.

Lebenslust – es strömt der Saft,
dringt in alle Glieder bald.
Wunderwelt mit sanfter Kraft,
windet sich um Jung und Alt.

Glücksgefühl hebt meine Brust,
alle Sinne gehen auf.
O wie wohl und welche Lust,
Frühlingsahnen steigt herauf.

Frühlingslust

Es drängt das ewig neue Licht,
die Macht der Finsternis zurück.
Vertrieben ist der Bösewicht,
nun kehrt herein das Liebesglück.

Der Frühling weckt mit sanfter Kraft
den Lebensgeist der Kreatur.
Und allenthalben steigt der Saft
und zeugt vom Wunder der Natur.

In Wald und Flur herrscht Hochbetrieb
und tausendfach ertönt der Sang:
„Du, höre mich, ich hab dich lieb,
nimm meine Sinne in Empfang!"

Und schon hebt jubelnd sich empor,
ein Vögelchen mit frohem Klang.
Hoch droben vor dem Himmelstor,
erklingt der Lerche Liebessang.

Ein Bussard schraubt sich himmelwärts,
und immer ferner tönt sein Schrei.
Auch ihn plagt wohl der Liebesschmerz:
„Hör! Nachbarin, ich bin noch frei!"

Dort ist's die Grille unentwegt,
die zirpend ihren Vortrag hält.
Hier scheint ein Käfer aufgeregt,
weil ständig er vom Stengel fällt.

Ein bunter Gaukler schwebt dahin
und torkelt übers Blumenmeer.
Die Düfte reizen seinen Sinn,
allein die Auswahl fällt ihm schwer.

Die Sinne jauchzen voll der Lieb'
und Wohlgefühl durchströmt die Brust.
Geheimnisvoller Wonnetrieb,
du nährest meine Frühlingslust.

Mein stiller Wiesengrund

In meinen stillen Wiesengrund
zieht herrlich neu ein Tag herein.
Hier bin ich gern zu früher Stund'
und möcht gar nirgends sonst wo sein.

Der frühe Tag beginnt sein Lied
und öffnet seinen Vorhang weit.
Das Bild, das auf die Bühne zieht,
ist göttlich reine Herrlichkeit.

Ein Hauch von Nebel silberhell,
steht über Wiese, Feld und Flur.
Und bald, gleich einem Aquarell,
bemalt die Sonne die Natur.

Sie reizt mit ihrer lichten Macht
den jungen Tag und wärmt ihn auf.
So nimmt das Leben ruhig und sacht
nach Gottes Willen seinen Lauf.

Es scheint, die Tropfen auf dem Gras,
das müssten Freudentränen sein.
Die Sonne trinkt das frische Nass,
das glitzert wie Kristall, so fein.

Als Wohlgefühl strömt in die Brust,
das stille Wunder der Natur.
Es klingt in mir die Frühlingslust,
voll Harmonie in Moll und Dur.

Es schweigt die Welt an diesem Ort,
wo fern ist aller menschlich´ Klang.
Kein falscher Ton stört diesen Hort,
hier wohnt die Freiheit ohne Zwang.

Ich setze mich ins Gras hinein
und träume grad so wie ich will.
Hier bin ich ganz für mich allein
und sättige die Seele still.

O zauberhafte Märchenwelt,
du dringst mir tief ins Herz hinein.
Und wenn es morgen Gott gefällt,
dann will ich gern hier wieder sein.

Gespenstische Weiden

Die Weiden dort am Bach entlang,
beherrschen diese Landschaft stumm.
Doch nächtens machen sie mich bang,
da tanzen Kobolde herum.

Ich hab´ sie manches Mal geschaut,
als ich gepirscht zu später Stund´.
Mich hat gegruselt und gegraut,
und zugeschnürt hat sich mein Schlund.

Mit jedem Schritt, den ich getan,
sah ich Gestalten lautlos huschen.
Aus dem Gehölz sah ich sie nah´n
und kenn doch jeden Ast und Buschen.

So sehr ich lieb´ den wilden Flecken,
doch nachts will ich die Gegend meiden.
Dann wird kein Kobold mich erschrecken
inmitten der Gespensterweiden.

Mein Schattenspender

Kastanienbaum, mein Schattenspender,
du schützt mich vor der Sonnenglut.

Da ich von deinem Schatten zehre,
so will ich gern zu deiner Ehre
im Schutze deines Baldachins
für deine Treue etwas richten
und dir ein kleines Verslein dichten.

Kastanienbaum mit deinem Schatten,
du bist mein grüner Sonnenschirm.

Ich trinke gern zur Sommerzeit
und bayrischer Gemütlichkeit
im Schutze deines Blätterdaches
aus einem Krug mit Gerstensaft
auf deine edle Gastfreundschaft.

Deutsche Eiche ohne Reim

Eine deutsche Eiche steht
unter vielen Buchen.
Wer hat sie dort hingestellt,
ist sie hingeflogen?
Weiß sie von dem Sprichwort gar:
Eichen musst du weichen,
Buchen aber suchen
bei Gewitter überm Wald,
weil sie dich vor Blitzen schützen?

Tausend Jahre steht der Wald,
mitten drin die Eiche.
Eines Tages war's gescheh'n,
weit und breit nur Asche.
O du schöner Wald gingst hin;
Erde ist verbrannt.
Unter kahlen Buchenriesen
einsam und verlassen,
eine deutsche Eiche steht.

Die Zeit ist um

Vor meinem Haus steht eine Esche,
die ward´ gepflanzt, als ich geboren.
Jetzt sind wir beide achtzig Jahr,
und wie mich dünkt, sind wir verloren.

Die Esche brüchig und sehr morsch,
so bin auch ich schon krank und schwach.
Mein Baum, er wird im Herbste fallen,
und ich folg´ wohl der Esche nach.

Ich war dem Baume gut gesonnen,
hab ihn gepflegt durchs ganze Leben.
Dafür hat meine Esche treu,
mir so viel Freud und Trost gegeben.

Der Herbst ist da, die Zeit ist um,
die Esche fällt, mein Herz bleibt steh´n.
Ich hör´ noch wie sie ächzt und stöhnt,
dann war´s um sie und mich gescheh´n.

Meine alte Linde

Ich seh´ sie alle Tage,
die Linde – und ich frage,
wie alt mag dieser Baum wohl sein,
der drauß am Anger steht allein?

Ich hab sie lieb gewonnen
und bin ihr gut gesinnt.
Das Alter steht ihr wunderbar,
sind´s hundert oder noch mehr Jahr´?

Ich stehe oft davor
und schau zu ihr empor.
Dann wispert sie und raunt mir zu,
hier draußen hab ich meine Ruh.

Ich schenk ihr Aug´ und Ohr
und stelle mir dann vor,
sie könnt´ so viel von früher sagen,
von guten und von schlechten Tagen.

Einst saß bei ihr am Platz
ich oft mit meinem Schatz
und schnitzte in die Rinde ein,
fürs Mädel lieb ein Herzchen klein.

Ich werde niemals satt
und liebe jedes Blatt.
Mir ist so wohl im Herz zumute,
von ihr erfahr´ ich nur das Gute.

Ich kenn sie schon so lange
und manchmal wird mir bange,
denn immer näher rückt der Ort;
muss sie wohl eines Tages fort?

Und dann geschieht es doch,
man gräbt schon Loch für Loch.
Ein Wohngebiet soll hier entstehen,
dem kann die Linde nicht entgehen.

Nun bin ich müd und alt
und mir wird furchtbar kalt.
Bald werde ich sie nicht mehr sehn,
kann jemand meinen Schmerz versteh'n?

Ein treuer Helfer

Wenn Kummer tief im Herzen
die Seele hat zerschunden,
so geh hinaus zum grünen Wald,
dann spürest du schon bald,
er lindert deine Schmerzen,
verbindet dir die Wunden.

Im Walde drin

Im Walde drin, im grünen Wald,
da mag ich gerne sein.
Im Walde drin, da schläft schon bald,
ein jeder Kummer ein.

Denn alles was mich traurig macht,
kann ich ihm anvertrauen.
Und wenn dazu die Sonne lacht,
beginnt mein Schmerz zu tauen.

Im Wald, da wird mein Herz so weit
und meine Sinne taumeln.
So weit entfernt ist hier die Zeit,
hier kann die Seele baumeln.

Im Wald, im tiefen Waldesgrund,
genieße ich die Stille.
An jedem Tag, zu jeder Stund´,
herrscht hier des Gottes Wille.

Vergessen ist das alte Leid

Der Frühling ist gekommen
und überall herrscht Freud und Lust.
Dem Winter ist die Macht genommen
und froher Sinn dringt in die Brust.

Vergessen ist das alte Leid
und langsam heilen meine Wunden.
Die Welt ist schön, mein Herz ist weit,
hier habe ich mein Heil gefunden.

Die Frühlingsluft ist lau und lind,
und in mein Herz zieht Friede ein.
Die Gegend ist mir gut gesinnt,
ich will gar nirgends sonst wo sein.

Was mir kein Lied erklären kann,
das singt mir vor, der Frühlingstag.
Er zieht mich zart in seinen Bann
und nimmt die Seele in Beschlag.

Ein Zauber herrscht hier überall
und Vögel singen in den Zweigen.
Und aus dem Busch die Nachtigall,
stimmt ein in diesen Reigen.

Vergessen ist das alte Leid,
und dankbar muss mein Haupt sich senken.
Denn niemand kann zu keiner Zeit,
mir mehr als solchen Frieden schenken.

Waldesruh

Es ist so ruhig in meinem Wald,
im Zauberwald, in diesem düstern.
Wo keines Menschen Laut erschallt,
da hör´ ich nur die Bäume flüstern.

Bis tief in meine Brust hinein,
da strömt ein lieblich feiner Duft.
Er ist so milde und so rein,
getragen von der sanften Luft.

Und von den Zweigen droben tönt,
ein Liedchen zart mit leisem Klang.
Und bald schon wird mein Ohr verwöhnt,
durch einen ganzen Chor von Sang.

Ich stehe still, hier will ich bleiben,
und setze mich ins weiche Moos.
Hier lässt der Alltag sich vertreiben,
hier bin ich jede Sorge los.

Waldkonzert

Grüß euch Gott, ihr Vögelein,
freue mich auf euren Sang.
Singet ja so herrlich fein,
danke euch für den Empfang.

Wie sie jubeln, wie sie singen,
welch ein himmlisches Konzert.
Herrlich, wie die Stimmchen klingen,
ach so fröhlich unbeschwert.

Wie im Chor erschallt es bald,
in den Weiten der Natur.
Wie es jauchzt und wie es hallt,
aus dem Wald und in der Flur.

Zeisig, Drossel, Fink und Meisen,
jubilieren um die Wette.
Jeder Sänger will beweisen,
dass er die schönste Stimme hätte.

Welche Freude, welch ein Tag,
den der Morgen mir beschert.
Nachtigall und Amselschlag,
hört´ am Ende ich vermehrt.

Leider mag die Stund´ sich neigen,
alle Vögel schweigen bald.
Plötzlich ist vorbei der Reigen,
Stille herrscht nun tief im Wald.

Wenn der Wald schweigt

Gewitterluft liegt überm Blätterdach,
es mag kein Zweiglein sich bewegen.
Es mag kein Leben sich mehr regen,
und dennoch – alles ist hellwach.

Die Luft ist still, es herrschet schweigen,
die Schöpfung hält den Atem an.
Gar tausend Wunder steh´n im Bann,
es will kein Hauch ein Blümlein neigen.

Nun zeigt er seine stumme Seite,
der zauberhafte Märchenwald.
Ich spür des Schöpfers Allgewalt,
wo Stille herrscht in aller Weite.

O dunkler Wald

O dunkler Wald, mein stiller Hort,
kein hässlich´ Laut, kein Weheklagen
dringt aus der Welt zu diesem Ort.

Sogar der Wind muss hier verstummen,
nur droben, wo die Blätter rauschen,
mag er ein leises Liedchen summen.

O dunkler Wald, dein Blätterdach
ist Balsam für mein Seelenheil
und hält mir meine Sinne wach.

Umgeben von den stummen Bäumen,
da kann ich gar nicht anders als
von Frieden auf der Erde träumen.

O dunkler Wald, nun lass dir sagen,
ich schätze dich als meine Heimat
und liebe dich an allen Tagen.

Herbstwald

Es ist so still in aller Weite
und nur ein leiser Wind umfächelt
das Blätterdach am Waldesrand.
Nun zeigt er seine gold´ne Seite,
der Wald, wo ihm die Sonn´ zulächelt
und strahlt in buntem Festgewand.

In märchenhafter Farbenpracht
verschenkt der Wille der Natur
dem Herbst ein liebliches Gesicht.
Man spürt die milde Himmelsmacht,
die wie Musik in Moll und Dur
voll Harmonie das Herz anspricht.

Doch langsam will das Bild verblassen,
denn lautlos schaukelt Blatt für Blatt
zum Sterben auf die Erde nieder.
Es muss das Laub den Baum verlassen,
denn so wird auch der Boden satt
und führt zu neuem Leben wieder.

Du deutscher Wald

Es heißt oft hierzulande,
der Deutschen liebstes Kind,
das sei das Auto – stimmt!

Doch grade so, wenn nicht gar mehr,
so liebt er seinen deutschen Wald.
Wie's Auto aus materieller Sicht,
so ist es andrerseits die Seele,
die ihm den Wald ins Herz einpflanzt.

Kein andres Land auf dieser Erde,
hat so viel Lieder und Gedichte,
so viele Mythen und Legenden,
die den dunklen Wald umranken,
wie das deutsche Volk es kennt.

Es gibt wohl keinen deutschen Dichter,
der nicht den Wald oft viele Male,
in schönster Weis' beschrieben hätte,
sowie auch große Komponisten,
die dem Wald ein Denkmal setzten.

Der Schutz des Waldes ist Kultur,
drum schütze – lieber Autofahrer,
auch du den deutschen Wald!

Pilzsaison

Heut Abend gibt es Pilzgericht,
da lass ich alles andre aus.
Drum setz ich fröhlich mich aufs Rad
und fahr hinaus in meinen Wald.

Für mich sind Pilze ein Gedicht
und mehr als nur ein Gaumenschmaus.
Ich hab im Walde meine Plätze
und werd´ sie finden, meine Schätze.

Mit Korb und Messer in der Hand,
streif ich umher mit großer Lust.
Doch langsam wird es mir zu bunt,
kein Pilz zu seh´n im Waldesgrund.

Das bringt mich schier um den Verstand,
zumindest herrscht in mir der Frust.
Das war´s dann mit dem Pilzgericht,
es bleibt mir wohl nur das Gedicht.

Und als ich heimwärts fahr durchs Land,
da sinkt in mir die Lebenslust.
Doch plötzlich kommt mir sehr gelegen,
ein Wirtshaus drin im Dorf entgegen.

Und dort der Wirt, der fragt mich gleich,
„wo kommst du her, was darf es sein?"
„Ich war im Wald, fand keine Pilze,
schenk ein, ich brauch jetzt dringend Pilse!"

O süßer Mond

O süßer Mond, mein teurer Freund,
du scheinst mir ach so traurig.
Was machst du heut für ein Gesicht,
hast wohl am Tage schlecht geschlafen?

Auch ich kann manchmal gar nicht schlafen,
wenn du so hell am Himmel strahlst.
Da wälze ich mich hin und her
und krieg im Bett kein Auge zu.

Ich trag´s mit Fassung, denn ich weiß,
es gäbe ohne dich kein Leben.
Denn schließlich schützt du unsre Erde,
damit sie schön im Ruder bleibt.

Und außerdem hast du´s recht schwer,
du kleiner Held am Himmel droben.
Du stehst im Wettstreit mit der Sonne,
die dir nur fahles Licht verleiht.

Drum ist dir nachts nicht das vergönnt,
was uns am Tag die Sonne schenkt.
O süßer Mond, sei nicht so traurig,
es gibt auch wieder andre Tage.

Nur kalter Braten

Ein Jägersmann streift froh gelaunt,
mit Rex, dem Hund, durch Wald und Feld.
Heut Abend soll es Wildbret geben,
am meisten er von Rebhuhn hält.

Der Hund hält inne, spitzt die Ohren,
hat er den Braten schon gerochen?
Kaum dass die Nase Wind bekommen,
schon war er durchs Gebüsch gekrochen.

Der Jägersmann in voller Hoffnung,
kommt kaum dem Hunde hinterher.
Gar mühsam pirscht er sich voran
und hält im Anschlag sein Gewehr.

Doch plötzlich, nein, er kann ´s nicht fassen,
ein Mann am Boden sitzt und isst.
Und neben ihm der Rex ganz friedlich,
dem Manne aus den Händen frisst.

Der Alte schaut kurz hoch und spricht:
„ich möchte vorsichtig mal raten,
du hast kein Jagdglück heut gehabt?
setz dich zu uns, ´s gibt kalten Braten!"

November

Trist und grau Novembertage,
gräulich ist die Wetterlage.
Freundlich war die Welt noch gestern,
heut sind sie getrennt, die Schwestern.

O du graues Schreckgespenst,
der du schier nur Nebel kennst.
Fürs Gemüt ganz ohne Frage,
bist du eine arge Plage.

Traurig ist die Welt gestimmt,
denn der Mensch hat's so bestimmt.
Alle Seelen Gott bewahre,
die verblichen all die Jahre.

Totenmonat nennt man dich
nicht besonders freundschaftlich.
Zum Bedauern lass dir sagen,
leider muss man dich ertragen.

Winterwald

Mitten drin im jungen Wald,
sind die kleinen Tannenbäumchen
eingehüllt in weiße Kleider.
Mit den dicken Häubchen
auf ihren kleinen Wipfeln,
seh´n sie aus wie Wichtelmännchen.
Und es fallen lautlos weiter
dicht an dicht die Schneeflöckchen,
die den Walde hübsch verzaubern.

Winterwald, mild verträumt,
o du weißer Märchenwald
machst die Herzen froh und warm.
Weihnachtszeit, kommt schon bald,
ist hier draußen schon ganz nah,
wo der Schnee den Wald bemalt.
Weit von ferne klingt ein Glöckchen,
o du weißer Märchenwald,
hier mag ich noch gern verweilen.

Mein Weihnachtsträumchen

O Tannenbaum im grünen Wald,
jetzt hab ich endlich dich gefunden.
Ich sucht´ nach dir schon viele Stunden,
drum sei nun mein, ich hol dich bald.

Noch niemals hat mein Aug´ erblickt,
solch herrlich edles Tannenbäumchen.
Ich jauchze und bin tief entzückt,
o Tannenbaum, du bist mein Träumchen.

Fürs Weihnachtsfest will ich dich schmücken
mit einem wunderschönen Kleide.
In meinem Heim sollst mich beglücken
zu meiner Freud und Augenweide.

Für heute noch lass ich dein Leben,
doch morgen werd´ ich bei dir sein.
Dann wird es kein Zurück mehr geben;
zum Weihnachtsfeste bist du mein.

Am nächsten Tag gleich früh am Morgen,
betracht´ ich lange Zeit mein Träumchen.
Doch halt ich still die Säg´ verborgen
und hol vom Händler mir ein Bäumchen.

SCHREBERGÄRTEN – KLEINE PARADIESE

Fast eine Million Menschen in Deutschland besitzen einen Schrebergarten und viele von ihnen bezeichnen ihr Stück Land als ihr kleines Paradies. Eine Bestätigung hierzu finden sie in einem persischen Sprichwort, das da lautet: „Man muss nicht erst sterben, um ins Paradies zu gelangen, solange man einen Garten hat."

Wo früher in schlechtester Zeit über viele Jahrzehnte hinweg jeder Quadratmeter für den Anbau von Kartoffeln, Obst und Gemüse genutzt wurde, bevorzugt man heute englischen Rasen, Blumenrabatten, Steingärten, gepflasterte Wege, einen Grillplatz, vielleicht einen Teich und in jedem Falle einen Freisitz vor der Laube. Obwohl ohne Not, bauen aber auch wieder viele Schrebergärtner gerne Gemüse an, weil sie im Herbst mit Stolz ernten wollen, was sie im Frühjahr mit Liebe, Lust und Fleiß ausgesät, gepflanzt und gepflegt haben.

O Garten du – mein Seelenheil

Der Garten ist mein Königreich,
das ich mit großer Freud´ regier´.
Und mag nicht stimmen der Vergleich,
so ist es halt nur mein Revier.

Hier kann ich walten wie ich mag
und niemand redet mir darein.
Ich kann mich freuen jeden Tag
und will gar nirgends sonst wo sein.

Die Liebe hab ich hier vergraben,
hab sie ins Erdenreich gesteckt.
Und jeden Tag will ich sie haben,
wird immer neu von mir entdeckt.

Mein Pflanzenvolk gehorcht mir stumm
und schenkt mir Lebensqualität.
Drum mach´ ich gern den Rücken krumm
und wüsst´ nicht, was ich lieber tät.

Nicht diesen oder jenen Pflanzen
schenk ich die Liebe nur allein.
Vom kleinsten bis zum großen Ganzen
will ich der Freund des Gartens sein.

Denn plagt mich mal die Arbeitswelt,
der Garten fegt hinweg den Frust.
Ich spüre, wie die Last abfällt
und Einkehr hält die Lebenslust.

Ein jeder Fleck, vor dem ich steh´,
birgt für mein Seelenheil ein Stück.
Vergessen ist das Alltagsweh,
denn Herz und Leib umfasst das Glück.

Und wenn der Herbst in Sicht gerät,
dann wispert meine Pflanzenschar:
„Nun ernte, was du einst gesät,
und freue dich aufs nächste Jahr!"

So schnell die Zeit auch fliegen mag,
die mir das Gartenjahr beschert.
Ich koste sie an jedem Tag,
wohl wissend, dass sie nimmer kehrt!

Und eines Tages wird´s wohl sein,
leg ich mein Zepter aus der Hand.
Vielleicht zieht dann ein andrer ein,
der grad so liebt dies´ kleine Land.

Wege durch ein Paradies

Durch manche Gärten führt mein Weg,
vorbei an bunter Pflanzenpracht.
Und sieh nur, was des Menschen Fleiß,
mit Gottes Segen hat vollbracht.

Es leuchtet blau und rot und weiß,
aus wundervoller grüner Welt.
Und hinter Ranken still verborgen,
sind Lauben traumhaft hingestellt.

Hier kann der Mensch ganz ohne Sorgen,
gelöst vom Alltag sich entfalten.
Den Traum vom eignen Paradies,
seh´ ich die Menschen hier gestalten.

Und jede Blume, Pflanze, Strauch,
von Liebe und von Fleiß erzählt.
Ich spür´ des Garten Eden Hauch,
drum lieb´ ich diese grüne Welt.

Ein seltsames Gartengebet

O Herr, gib meinem Garten Segen,
dass alle Pflanzen gut gedeih´n.
Ich bitte auch um warmen Regen,
um Wärme und um Sonnenschein.

Doch nicht zu viel von alledem,
vor allem Kälte nicht und Hitze.
Am liebsten mag ich´s angenehm,
ob ich nun schaffe oder sitze.

Gib meiner Erde deine Kraft
und halte mir das Unkraut fern.
Auch Ungeziefer – schauderhaft,
hab ich im Garten gar nicht gern.

Bewahre stets mein Gartenhaus
vor Einbruch, Diebstahl und vor Brand.
Und Maulwurf, Schneck und Gartenmaus,
sind lieber mir im Nachbarland.

Lass auch der Blumen viele blüh´n,
zu meiner Freud und meiner Ehr´.
Dass auch der Rasen immer grün
und englisch sei, das wünsch ich sehr.

Und wenn der Herbst die Runde dreht,
dann will ich meine Ernte loben.
Wenn alles in Erfüllung geht,
dann dank ich dir da droben.

Dankbare Rückschau

Das Gartenjahr geht müd´ zu Ende,
der Winter hält sich schon bereit.
So lass ich ruhen meine Hände
und halte Einkehr in der Zeit.

In Dankbarkeit schau ich zurück,
was mir der Garten hat geschenkt.
Erfahrung war´s, auch etwas Glück
und meine Hand von Gott gelenkt.

Mit Liebe habe ich geschafft
und Müh´ und Plage nicht gescheut.
Ein jeder Tag war musterhaft
und jede Stunde war mir Freud´.

Oft waren es die kleinen Dinge,
die Herz und Seele fröhlich machten.
Ob Tautröpfchen, ob Schmetterlinge,
und Nachbarskinder, wenn sie lachten.

Dazwischen lag auch mal ein Päuschen
mit Abflug in den Traumbereich.
Bei Regen ab ins Gartenhäuschen,
auch stilles Schau´n am Gartenteich.

Nun werd´ ich oft die Tage zählen,
bis wieder weicht die Finsternis.
Und mag der Winter mich auch quälen,
der nächste Frühling kommt gewiss.

Ich fühl den Herbst in mir

Das Gartenjahr geht still zu Ende
und hinter meiner Gartenlaube,
verberg´ ich auf der alten Bank
in meinem Schoß die müden Hände.

Es zieht mich in Gedanken fort,
sehr weit zurück in ferne Zeit,
wo stets ich fühlte Freud und Glück,
schon damals an dem gleichen Ort.

Hier saß ich tausendmal und mehr
und jetzt zieht mir der Herbst herein,
nimmt milde lächelnd meine Hand
und führt mich vor dem Winter her.

Die Zeit hat mir so viel gegeben
und mich gelehrt aus der Natur
von Gottes ewigem Gesetz,
dass jeder Tod gibt neues Leben.

In Treue fest

Siehst du den Garten dort, den alten,
der aus der Zeit gefallen scheint?
Und auf der Bank die beiden Alten,
die Hand in Hand sind fest vereint?

Ein Leben lang sind sie beisammen,
sie saßen oft auf dieser Bank.
Ihr Herz stand immer treu in Flammen,
sie lebten brav und ohne Zank.

Nun träumen sie sehr weit zurück,
doch wortlos, weil sie sich verstehen.
Ihr Leben war stets voller Glück,
kein Leid war ihnen je geschehen.

Dem Glauben immer fest verbunden,
vertrauten sie auf Gottes Segen.
Sie haben Trost in ihm gefunden
und fühlten ihn auf allen Wegen.

Sie schufen sich auf diese Weise,
ein Paradies auf Erden schon.
Gewiss führt ihre letzte Reise,
ins wahre Paradies als Lohn.

Ich träumt´ vom Paradiese

Die Sonne strahlt mit letzter Kraft
und malt zum Abschied für das Jahr
aus allen Farben dieser Welt
ein buntes Bild der Herbstlandschaft.

Die Sinne führen mich weit fort
und geh´n mit mir auf lange Reise.
Aus weiter Ferne tönt es leise:
„wo sind sie hin, die schönen Jahre?“

Drauf hört´ ich eine laute Stimme,
wie Orpheus aus der Unterwelt:
„Wenn du nicht weißt, wohin du willst,
dann zeig ich dir den Garten Eden!“

Es fröstelt mich, ich schaudre schier,
ich fahre hoch und schrei erschreckt:
„Ich will noch manchen Herbst erleben,
ich hab mein Paradies doch hier!“

Mein Nachbar hat, als ich erwacht´,
durch mein Geschrei sich totgelacht.

Eine nette Nachbarschaft

Ich hätte gern und bitte drum,
als Nachbarn einen andern Herrn.
Denn dieser hier nimmt alles krumm
und wünscht mich auf ´nen andern Stern.

Ich wünsche ihm zwar nicht die Pest,
doch seine Nähe möcht ich meiden.
Denn hab ich mal ein kleines Fest,
dann tut er mir die Freud verleiden.

Auch mach ich gern auf meiner Liege,
zur Ruhe meine Beine lang.
Doch kaum, dass ich im Traum mich wiege,
weckt mich des Nachbarn grauslich´ Sang.

Und mein Kompost, meint dieser Lümmel,
wär viel zu nah an seiner Laube.
Und stinken würd´ er bis zum Himmel,
was gar nicht stimmt, weil ich´s nicht glaube.

Von seinen Mäusen spricht er nicht,
die ich erleid´ als seine Grüße.
Und außerdem wirft dieser Wicht,
mir dauernd Schnecken ins Gemüse.

Und auch sind dicht vor meiner Nase,
sein Holzverhau und Brombeerwust.
„Das ist idyllische Oase",
sagt er, doch ich erstick´ vor Frust.

Drum hab ich jüngst am Zwischenzaun,
ein Rankgerüst ihm hingesetzt.
Nun hat er mir, der Gartenclown,
den Vorstand an den Hals gehetzt.

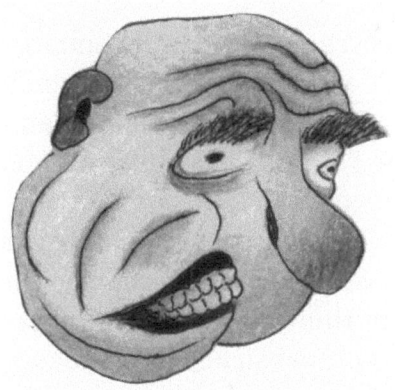

Mein lieber Giersch

Was sprießt denn da im Garten mein,
es ist der Giersch, das ist nicht fein.
Den hab ich gar nicht angebaut,
mein ganzer Garten scheint versaut.

Der Giersch – ein Unkraut sondergleichen,
lässt Gartenfreunde schier erbleichen.
Sie alle sagen unverhohlen,
der Teufel soll das Unkraut holen.

Der Giersch, sag ich von Zorn erfüllt,
sich wie ein Wolf in Schafspelz hüllt.
Mit Hinterlist schleicht er heran
und drängt sich in den Anbauplan.

Kein Mittel hilft, das ihn verprellt,
was hab ich nicht schon angestellt.
Auch umgegraben, tief gestochen,
doch der Giersch wächst ungebrochen.

Dann las ich jüngst – ich musst´ gleich stutzen,
den Giersch kannst in der Küche nutzen.
Ich ließ mich davon motivieren
und tat das gleich mal ausprobieren.

Ja Donnerwetter, ich war platt,
der schmeckt phantastisch – Blatt für Blatt.
Die Frau, die Kinder, was soll ich sagen,
verzehrten ihn mit Wohlbehagen.

Zu Tische luden wir Verwandte,
und auch mal Nachbarn und Bekannte.
Sie alle waren sehr erbaut
und lobten dieses wilde Kraut.

Jetzt plagt mich fast die Sorge sehr,
wo krieg ich so viel Giersch denn her?
Denn alle sind auf Giersch versessen,
und ich will niemand gern vergessen.

Hab kaum noch welchen drin im Garten,
muss jetzt auf ihn sogar oft warten.
Geerntet hab ich unentwegt,
jetzt ist mein Garten leergefegt.

Vor Wochen noch hab ich geflucht,
der Giersch – der war mir arg verrucht.
Jetzt such ich ihn in Feld und Flur,
wo er gern wächst – in der Natur.

Der Giersch hat letztlich mich gelehrt,
es gibt kein Unkraut ohne Wert.
Mein Hass auf Giersch ist längst zerronnen,
und hab ihn gar als Freund gewonnen.

Im Traum getroffen

Ich sitz in meinem Garten still,
denn heute gibt es nichts zu tun.
Und weil es meine Seele will,
lass ich die Hände ruh'n.

Und wenn ich mein Gemüt befrag,
was gibt es mir dann kund?
„Für mich ist heut ein Feiertag,
halt an, du schöne Stund'!"

Schon bald bin ich in Schlaf versunken
und höre nichts mehr von der Welt.
Doch plötzlich träum ich von Halunken,
und dann ein Schlag – ich war erhellt.

Ich fühl mich hart am Kopf getroffen,
doch nirgends ist ein Mensch zu sehen.
Ich weiß, ich bin doch nicht besoffen,
wie konnte solches denn geschehen?

Dann spüre ich, wie süßer Saft,
mir triefend das Gesicht besudelt.
Der Baum hat mir mit voller Kraft
'ne Birne auf den Kopf genudelt.

VOM SINN DES LEBENS

Was ist der wahre Sinn des Lebens? Hat das Leben überhaupt einen Sinn? Warum leben wir auf diesem Planeten, und hat es eigentlich einen Sinn, über diese Frage nachzudenken? Und wenn ja – wo sind die Antworten? Wer kann sie geben? Kaum eine andere Frage beschäftigt den Menschen so sehr, wie die nach dem Sinn des Lebens. Der Mensch will wissen, warum er auf der Welt ist, sucht nach Antworten und findet keine oder legt sich selber welche – meist falsche – zurecht.

Jesus sagte zu einer Volksmenge: „Gebt acht, hütet euch vor jeder Art von Habgier. Denn der Sinn des Lebens besteht nicht darin, dass ein Mensch aufgrund seines großen Vermögens im Überfluss lebt."

Wenn wir die Bibel – vom obigen Spruche abgesehen - geistig lesen und verstehen könnten, dann läge der Sinn des Lebens klar vor unseren Augen. Vielleicht aber können die folgenden Gedichte eine kleine Brücke bauen.

Der Mensch hat vieles erforscht in seiner materiellen Welt, aber die geistige Welt, die jedes Geheimnis in sich birgt, bleibt ihm bis zu seinem irdischen Tod verschlossen.

Lebenslauf

Mit einem Schrei trittst du ins Leben,
das dir vom Schöpfer ist gegeben.
Du öffnest deine Äuglein blau,
doch ist die Welt für dich noch grau.

Auf Mutters Schoße wohl geborgen,
so lebst du frei und ohne Sorgen.
Es wächst in dir das Kind heran
und bald schon führt dein Weg bergan.

So lernst du spielen, laufen, singen,
doch schnell wird diese Zeit verklingen.
Schon ruft die Schule mit der Pflicht;
fortan erhältst du Unterricht.

Nun woll´n die Jahre nicht vergeh´n,
doch später wirst du´s anders seh´n.
Du hast nun oft gar schöne Träume
und lässt zum Himmel wachsen Bäume.

Was scheinen mag, als wär´s ein Spiel,
das führt jetzt schnell zu einem Ziel.
Die Welt der Arbeit lernst du kennen,
auch wird man dich „erwachsen" nennen.

Du trennst dich von dem Elternhaus
und lenkst den Weg zur Welt hinaus.
Nun steckst du voller Tatendrang
und bringst dein Leben schnell in Gang.

Denn Arbeit heißt dein Leben jetzt,
und sieh nur, wie die Zeit dich hetzt.
Familienplanung, Häuschen bau´n
und stets auf die Karriere schau´n.

Du bist am Höhepunkt des Strebens
und denkst nicht an den Sinn des Lebens.
Doch schneller als der Weg bergauf,
nimmt jetzt das Leben seinen Lauf.

Der Herbst kommt langsam schon in Sicht
und zeichnet Spuren ins Gesicht.
Die Trennung von der Arbeitswelt,
dich trotz der Freiheit manchmal quält.

Jetzt fragst du nach dem Lebenssinn,
derweil die Jahre geh´n dahin.
Es zieht dich in Gedanken fort,
zu deiner Kindheit fernen Ort.

Doch deine Einsicht kommt zu spät,
hast kaum etwas ins Herz gesät.
Erst drüben wirst du schmerzvoll merken,
auf Erden sollst´ die Seele stärken.

Im Herzen drinnen wird dir flau,
und alle Welt erscheint dir grau.
Dann macht man dir die Augen zu,
beim Einzug in die ew´ge Ruh.

Und eines Tages wird es sein

Du lebst als kleines Menschenkind
noch frei von Schuld und ohne Sorgen.
Und tief in deinem Herzen sind
die Seele mit dem Geist verborgen.

Sie sind dein Leben und dein Ich,
dein Körper ist nur das Gewand.
Und später kommt hinzu für dich,
noch dummerweise der Verstand.

Ihn pflegst du bis zu deinem Tod
und stellst ihn über das Gemüt.
Erst spät erahnst du, was dir droht,
was deiner Seele einmal blüht.

Und selbst, wenn du noch nicht begreifst,
dein Ich wird langsam eingeengt.
Denn deine Seele mit dem Geist
hast du ins letzte Glied verdrängt.

Du glaubst nur an des Menschen Macht
und lässt verstreichen deine Frist.
Doch nach dem Tod wird es nicht Nacht,
bist´ doch ein armer Materialist.

Und eines Tages wird es sein,
da sitzt der Tod dir an der Kehle.
Dann sind sie wieder ganz allein,
der Geist und deine arme Seele.

Affentheater

Wir Affen sind im Tierverein
seit Urbeginn schon dagewesen.
Wir wollten nie was andres sein,
als nur grad tierisch kluge Wesen.

Jedoch der Mensch, o welch ein Graus,
hat etwas anderes entdeckt.
Die Wissenschaft sagt rundheraus,
der Mensch, der ward aus uns erweckt.

Seit Darwins Zeiten will man wissen,
wie alles Leben einst entstand.
Die Forschung hat sich festgebissen
und klammert sich an den Verstand.

Das Leben, heißt es in den Thesen,
entstand durch Urknall von allein.
Ein Gottes Wort sei nie gewesen
und Schöpfung muss ein Märchen sein.

Warum, so fragen wir als Affen,
entwickeln wir uns denn nicht weiter?
Warum verharren wir und gaffen
und finden aufwärts keine Leiter?

Wir Affen neiden euch im Stillen
der Gotteskraft, die in euch wacht.
Habt ihr denn nicht den freien Willen,
der euch zu Kindern Gottes macht?

Erkennt ihr nicht, o Menschenkinder,
in euren Herzen Gottes Geist?
Und wisst ihr nicht, ihr armen Sünder,
was das am Ende für euch heißt?

Euch ist die Wissenschaft sehr heilig
und gar Ersatz für euren Glauben.
Von ihr lasst ihr euch blind und eilig,
und willenlos den Herrgott rauben.

Der Weltverstand ist euch gegeben,
ihr schätzt ihn als das höchste Gut.
Doch liegt ihr oft mit ihm daneben,
weil ihr viel Böses aus ihm tut.

Ihr schätzt die Liebe Gottes nicht,
die euch ins Herz viel Freiheit legt.
Euch brennt im Herzen drin kein Licht,
nur weil ihr den Verstand arg pflegt.

Der Schöpfer schenkt euch seine Liebe,
doch uns ist nur Instinkt gegeben.
Gelenkt von tierisch rohem Triebe,
so führen wir ein wildes Leben.

Wir Affen fügen uns dem Zweck,
für den der Herr uns hat erschaffen.
Der Mensch jedoch fegt alles weg
und macht sich selbst zum Oberaffen.

Die wahre Kraft

Was du mit deiner Hände Kraft
und dem Verstande hast geschafft,
das bleibt nicht bis in Ewigkeit,
es wird vergehen mit der Zeit.

Doch was die Seele mit dem Geist
in festem Glauben dir verheißt,
das bleibt besteh'n durch alle Zeiten,
bis hin zu endlos fernen Weiten.

Zwischen bangen und hoffen

Ein Mensch, der krank darniederliegt
und fast vom Tode ist besiegt,
der hat nur einen Wunsch fürs Leben,
man möge ihm Gesundheit geben.

Wer Pflege leistet in der Art,
die Menschen manches Leid erspart,
dem hält der Wunsch die Türe offen
und lässt sogar auf Wunder hoffen.

Denn echtes, ehrliches Bemühen,
bringt hoffnungsvoll die Kraft zum Blühen,
die tief im Herzen sich verbirgt
und auf den kranken Körper wirkt.

So lang es Menschen gibt auf Erden,
die lindern helfen manch´ Beschwerden,
kann Gottes Liebe voll der Kraft,
dem Menschen zeigen, was sie schafft.

Befrei dich von den schweren Ketten

Du fühlst nicht deiner´ Seele Kraft,
für dich ist alles körperlich.
Du ahnst nicht, was sie für dich schafft –
die Seele kennt dein wahres Ich.

Du glaubst nicht an des Menschen Geist
und hast die Hälfte nur vom Leben.
Du glaubst nur, was du sicher weißt –
die Seele kann dir viel mehr geben.

Der Glaube daran fällt dir schwer,
dass tief im Innern glimmt ein Licht.
In Wahrheit ist dein Herz nicht leer –
die Seele klagt, du hörst sie nicht.

Doch wenn dein Ende näher rückt,
dann bist du jämmerlich am Greinen.
Und welcher Schmerz dich auch bedrückt –
die Seele hört nicht auf dein Weinen.

Und willst´ noch Geist und Seele retten,
so kehr dich schnell zum wahren Leben.
Befrei dich von den schweren Ketten –
dann wird die Seele dich erheben.

Erkenne deinen Lebenssinn

Kennst du den Wert der Zeit,
den Weg, der keine Umkehr kennt?
Und weißt du denn wie weit
die Lebensuhr für dich noch rennt?

Ich kenne dich und weiß,
die Arbeit ist dein ganzes Leben.
Bedenke auch den Preis,
den du bezahlst für all dein Streben!

Wie mag es dir ergeh´n,
wenn du einmal entbehrlich bist?
Vielleicht wirst du erst dann versteh´n,
wenn deine Zeit zu Ende ist.

Halt ein und sieh dich um;
erkenne deinen Lebenssinn!
Die Seele ist nicht stumm,
sie macht dein Leben zum Gewinn.

Denn Müh´ und Plag und der Verstand,
bewahren nur vor äuß´rer Not.
Die Seele aber hat Bestand
und lebt noch fort nach deinem Tod.

Bedenke stets, dass auch dein Geist
die rechte Nahrung braucht im Leben.
Denn wenn du nur den Körper speist,
bleibst ewig du am Tode kleben.

Der freie Wille

Der freie Wille – Mensch bedenk,
der voll der Freiheit in dir lebt,
ist aus dem Himmel ein Geschenk,
das dir ein sinnvoll´ Leben webt.

Bedenke weiter – und gib acht,
denn deinen Willen sollst du beugen,
nach dem des Gottes, fromm und sacht,
damit du Gutes kannst erzeugen.

Sonach dein Wille ist gestärkt,
ist auch dein Herz schon zart bereit,
um zu erfassen unvermerkt,
die reine Liebe alle Zeit.

Und siehe Mensch – und höre still,
was dann aus deinem Willen kommt,
ist mächtig groß wie Gott es will,
denn Liebe ist es, die dich frommt.

Drum stärke deinen Willen fein,
dann wirst du Freiheit in dir spüren.
Und fühlst du Gottes Liebe rein,
so wird sie dich durchs Leben führen.

Und hast du deinen Gott gefunden,
so lass ihn nimmer aus dem Sinn.
Und bleibst du fest mit ihm verbunden,
dann wird dir himmlischer Gewinn.

Die rechte Speise

Nun sag mein Freund und sei ganz ehrlich,
warum nur ist dein Glaube spärlich?
Warum lässt dich der Glaube kalt,
klafft da nicht gar ein großer Spalt?

Dein Blick nach oben ist verstellt,
weil dein Gemüt dich nicht erhellt.
So hängst du in den Klüften fest
und der Verstand besorgt den Rest.

Du willst nur beim Verstande weilen,
doch grade ihm sollst du enteilen.
Er dient nur für das Leibesleben
und kann nicht wahres Leben geben.

Entferne dich vom falschen Gleise
und nimm zu dir die rechte Speise.
Sie kostet nichts, sie ist geschenkt,
und wird dir tief ins Herz gesenkt.

Der Herr wird gerne sie dir geben,
musst nur nach seiner Liebe streben.
Denn Nahrung, die der Herr verspricht,
birgt reines, wahres Lebenslicht.

Dies Himmelsbrot sollst du verzehren
und Gottes Worte stets verehren.
Denn Himmelsbrot ist Gottes Wort
und deines Herzens rechter Hort.

Falscher Lebenssinn

Es fragt der Mensch mitunter sehr,
was er denn auf der Erde soll
und was der Sinn des Lebens sei.
Die Antwort darauf fällt ihm schwer,
so treibt er auch sein Leben toll
und Glaube scheint ihm einerlei.

Es heißt doch in der Bibel klar,
der Mensch lebt nicht vom Brot allein.
Doch stellt dies Wort für ihn nichts dar,
er sieht den Lebenssinn nicht ein,

Von daher glaubt er ohne Scham,
dass er das Höchste sei auf Erden.
Durch Zufall er ins Leben kam,
was soll da anders sein und werden?

Und aus der Schrift pickt er heraus,
was ihm fürs Dasein gut erscheint.
Doch was er treibt, es ist ein Graus,
Vernichtung pur, so wie es scheint.

Mit aller Gier und voll der Macht,
zerstört er jeden Lebenssinn
und schert sich um die Zukunft nicht.
Statt Licht im Herzen herrscht dort Nacht,
weil keine Liebe ist darin,
die wüsste über seine Pflicht.

Auch rührt ihn kaum der Nächsten Not,
hat nur sein eigen´ Wohl vor Augen.
Wo andre bangen um ihr täglich´ Brot,
mag ihm stets nur das Beste taugen.

So glauben wohl die meisten fest,
dass ihr Verweilen in der Welt,
der Lust und dem Vergnügen dient.
Doch ganz am Ende bleibt als Rest,
ein schlechter Leib, der bald zerfällt;
das war´s dann – armes Menschenkind.

Nur die Liebe zählt

Es kann Mensch von Zwang befreit,
da er den freien Willen hat,
echt lieben Gott in Ewigkeit,
im Wort und in der Tat.

Die Liebe ist das höchste Gut,
das uns der Herr gegeben,
weil Liebe nur das Beste tut,
zum Wohle für das wahre Leben.

Lass immer dich vom Willen leiten,
den rechten Weg zu gehen,
dann wird der Herr dich stets begleiten
und dir zur Seite stehen.

Und wenn dich führen deine Wege,
zu Armen in der Not,
dann lass von Mitleid dich bewegen,
denn du bist deren Brot.

Ein jeder Mensch sei dir der Nächste,
selbst wenn du ihn nicht magst.
Nicht immer wird es sein der Schwächste,
auch wenn du das beklagst.

Und liebst du deine Feinde nicht,
dann kannst du Gott nicht lieben.
Selbst diese Liebe hat Gewicht,
da gilt es nicht zu sieben.

Woher – wohin

Ich war und bin,
und wenn ich sterbe
geht dahin,
mein Leib allein –
zu Staub und Asche.

Ich war und bin,
und wenn ich sterbe
ist der Sinn,
zum Licht zu streben –
mein wahres Ziel.

Ich war und bin,
und wenn ich sterbe
kehr ich hin,
wo einst ich war –
ins Reich des Herrn.

Achte auf deine Werke

Ein jeder Mensch, ob groß, ob klein,
wird irgendwann des Todes sein.
Es mag der Mensch sich noch so wehren,
den Tod kann das jedoch nicht scheren.

Es ist noch nie, so steht geschrieben,
auf Erden je ein Mensch geblieben.
Und dennoch geht kein Mensch verloren,
sonst wäre er umsonst geboren.

Denn Gott der Herr verliert kein Wesen,
das jemals in der Welt gewesen.
Vom Menschen stirbt ja nur der Leib,
doch für die Seele heißt es – bleib!

Sie ist dein Leben mit dem Geist,
so wie es in der Bibel heißt.
Die Menschen leben drüben weiter,
die einen trüb – die andern heiter.

Doch viele Menschen aller Rassen,
sie wollen trotzig das nicht fassen.
Im Geiste schwach, im Fleische willig,
so ist auch ganz ihr Glaube billig.

„Es fressen mich die Würmer wohl,
doch leben nach dem Tod? – wie hohl!"
So hört man viele Menschen sagen,
die solche Redensarten wagen.

Doch willst' dein Leben dir bewahren,
so lasse solch Gedanken fahren.
Denn ohne Tod gibt es kein Leben,
das dir vom Schöpfer ist gegeben.

Es ist der Tod, das merk dir gut,
der neues Leben gibt und Blut.
Mit deinem Tod wird dir gegeben,
das einzig wirklich wahre Leben.

Der Leib, der dir auf Erden dient,
ist nicht das wahre Menschenkind.
Denn was am Ende wirklich zählt,
sind deine Werke in der Welt.

Drum sollst du dir fürs Leben merken,
gerichtet wirst du nach den Werken.
Und können sie vor Gott bestehen,
so wird die Seele auferstehen.

Lass dich vom Tode nicht erschrecken

Der Tod hat Zeit, oh ja – viel Zeit,
und wenn es ist mit dir so weit,
empfängt er dich mit bösem Grinsen.
Dann liegt's an dir – an dir allein,
wo dein Zuhause wird dann sein
und was du leisten musst an Zinsen.

Drum sorge dich, so lang du lebst,
dass du dich von den Sünden hebst,
und sinnvoll Gutes tust auf Erden.
Sonst steht bei dir im Buch des Lebens,
dein Tun auf Erden war vergebens
und musst erneut geboren werden.

Wenn du mit dir im Reinen bist
und Gott mit dir zufrieden ist,
dann kann der Tod dich nicht erschrecken.
Zum Lichte wirst du hochgehoben,
und dann wird man im Himmel droben,
zum wahren Leben dich erwecken.

Zum Teufel mit dem Satan

Nun hebe dich, lass ab, du Satansbrut,
und geh, und kehr zurück in deine Hölle!
Es bebt in mir verzehrend große Glut,
weil ich dir Diener war in aller Völle.

Dein Trugbild ist nur Schein und hat kein Leben,
doch blind war ich auf deinen Glanz erpicht.
Nun tobt mein Herz, als sei's ein Weben, Beben,
und wie mir dünkt – ein Pfeil darinnen sticht.

Du hast mit großer List und aller Tücke,
dein böses Werk an mir vollbracht.
Am Leben fehlen mir die besten Stücke,
und meine Seele darbt in tiefster Nacht.

So hab ich manche Sündenlast zu tragen,
denn leider kroch mein Wille dir entgegen.
Doch will ich nun mit aller Kraft es wagen,
zu suchen nach dir unbekannten Wegen.

Auf diesen Pfaden wirst mich nie mehr sehen,
ich bleib dir ewiglich und ganz verborgen.
Und wenn dann siegreich meine Fahnen wehen,
sollst fahren du zur Hölle gleich schon morgen.

Schwer drückt die Last

Du liebster Vater Jesus Christ,
der Du der Herr der Welten bist.
Als armer Wicht steh ich vor Dir
und klopfe zaghaft an die Tür.

Ich möchte Liebe Dir bezeugen
und mich zu Deinen Füßen beugen.
Doch allzu groß ist meine Schuld,
als dass mir zusteht Deine Huld.

Ich bin mit Sünden zugefüllt,
vor denen sich mein Geist verhüllt.
Mich drücken meine Sünden nieder
und muss sie fühlen noch und wieder.

Zerknirscht und voll der Reue bebend,
bin ich ein Wurm auf Erden lebend.
Ich bin nicht wert, dass Du vergibst,
mein Sündenwerk, und mich noch liebst.

Von Schande ist mein Herz befleckt
und auch hat sich mein Geist versteckt.
Ich kann die Last kaum noch ertragen
und fühle sie an allen Tagen.

Vergib o Herr, mir meine Schuld,
aus Deiner Gnade und Geduld.
Derweil ich hoffe ganz im Stillen,
so bitt ich Dich, stärk meinen Willen.

Rückschritt

Es will der Geist alleine nicht,
erstarken in der Leibes Seele.
Es nährt der Mensch stets seine Pflicht,
aus fleischlichem Befehle.

Gedanken haben große Macht

Denk nur das Beste Tag und Nacht,
Gedanken haben große Macht.
Denn tief in deinem Herzen drin,
da schafft der Geist nach deinem Sinn.

Die guten darfst du ruhig verschenken,
die schlechten sollst´ zum Teufel lenken.
Setz deinen Willen ein mit Kraft,
weil er für dich am meisten schafft.

ACH DU LIEBER MENSCH

Wenn man die Stufen der Entwicklung des Menschen bis zum heutigen „homo sapiens" aus wissenschaftlicher Sicht verfolgt, dann ist wohl sehr anzunehmen, dass irgendwann ein neuer Mensch auf der Erde leben wird. Vorausgesetzt, die Erde wird nicht vorher vollkommen zugrunde gegangen sein. Denn was der heutige Mensch aus seinem überaus krankhaften Drang zur Machbarkeit aller Dinge und vor allem aufgrund seines ungehemmten Gier- und Profitgehabes heraufbeschwört, gereicht dem Satan mit all seinen Teufeln zur höchsten Ehre. Nicht nur, dass der Mensch abseits aller materiellen Werte mit erschreckender Intensität dabei ist, seinen Lebensraum zu zerstören, so ist er mit seinen nicht enden wollenden Kriegen auch gut in der Lage, mit seinen immer furchtbarer werdenden Waffen die gesamte Menschheit mehrfach auslöschen zu können.

Das Schönste in der Welt

Was glaubst du Mensch, was in der Welt,
zum Schönsten aller Dinge zählt?

Du meinst, Gesundheit wäre doch recht fein,
auch speisen wie ein Fürst bei edlem Wein?
Verkehren möchtest du mit reichen Leuten
und stets umgeben sein von schönen Bräuten?

Du willst Vergnügen haben ohne Ende
und in den Schoße legen deine Hände?
Die Arbeit, sagst du, sollen andre tun,
denn du, du willst an allen Tagen ruh´n!

Gar vieles liegt dir noch im Sinn,
wie Geld und immer nur Gewinn.
Was möchtest du nicht in der Welt,
noch alles tun, was dir gefällt?

Doch Schluss damit – ich mach es kurz;
was du dir wünschst, ist reiner Furz!
Du liegst mit allem voll daneben;
es gibt was Schöneres im Leben.

Dass nämlich niemand, wie man´s nennt,
vom andern die Gedanken kennt!

Edel sei der Mensch und gut

Es heißt bei Goethe im Gedichte,
der Mensch sei edel, hilfreich und auch gut.
Doch scheint das leider nur ein Wunsch,
denn was die Menschheit treibt und tut,
das lehrt uns deutlich die Geschichte.

Natürlich gibt es, das sei ohne Frage,
auch Menschen, die wohl gut und hilfreich sind.
Doch braucht man wirklich Hilfe in der Not,
dann ist meist fern ein solches Himmelskind,
und finden wird man es nicht alle Tage.

Wo sollen auf der Erde Menschen wohnen,
die solch ein ideales Ziel erreichen?
Man kann den Globus dreh'n und wenden,
doch finden wird man eher kaum dergleichen,
es sei, man wird sie eines Tages klonen.

Immer nur die anderen

Lenkst du ein Auto oder Krad,
gehst du zu Fuß, fährst mit dem Rad,
bist´ immer ein Verkehrsteilnehmer,
und ständig wird es unbequemer.

In Grenzen bleibt die Menschlichkeit
und fremd das Wort Verbundenheit.
Es glaubt ein jeder sich im Recht,
denn nur die anderen sind schlecht.

Es ist nicht diese oder jene Gruppe,
nicht Klingel oder Autohupe.
Und nicht die andern, wie man meint,
allein der Mensch ist sich sein Feind!

Wer soll´s denn richten

Der Mensch auf dieser Erde,
kann ohne Krieg nicht leben.
Denn schon seit Adams Zeiten,
ist der Mensch verdorben.

Dem Satan ist er hörig
und lebt in dessen Welt.
Von ihm lässt er sich führen,
und kommt von ihm nicht los.

Es ist der Mensch in Ewigkeit
nicht fähig, sündenlos zu leben.
Trotz seines Geistes in der Seele,
verirrt er sich in Finsternis.

Mit seinem Geist könnt´ er es richten,
doch trotzig stemmt er sich dagegen.
Mit Hass und Streit in seiner Welt,
kann er zu keinem Frieden finden.

Der Mensch, so wie er tut und lebt,
ist schlimmer oft, als Satan selbst.
Mit Macht, Profit- und Giergehabe,
zerstört er seinen Lebensraum.

Der Mensch von heut´ ist grottenschlecht,
es bräucht´ ein neues Menschengeschlecht,
das neben einem gesunden Verstand,
stets immer auch sein Herz befragt.

Und nirgendwo ist eine Wende

Es sägt der Mensch mit aller Macht,
am Ast, auf dem er selber sitzt.
Er hört nicht, dass es längst schon kracht
und will nicht sehen, wie es blitzt.

Zum Herrscher hat er sich erkoren,
der homo sapiens auf Erden.
Es scheint, er hat sein Spiel verloren,
denn rasend wachsen die Beschwerden.

Wie sehr bedroht ist mittlerweile,
das Leben auf der Mutter Erde.
Und trotzdem kehrt der Mensch in Eile,
sich ab von Gottes Wort „Es werde!"

Stets vorwärts drängt die Menschenrasse,
und nirgendwo ist eine Wende.
Sie fährt auf einer Einbahnstraße,
und wo sie aufhört, ist das Ende.

Und weil der Mensch ist frei im Willen,
bezahlt er seine Sünden teuer.
Gar mancher bangt und hofft im Stillen,
nicht abzustürzen in das Feuer.

Das Fleisch ist willig, sein Geist ist schwach,
und Gottes Werk, das schätzt er nicht.
Der Mensch hängt dem Materiellen nach,
und hält sein ganzes Tun für Pflicht.

Und immer mehr und noch geschwinder,
verspielen wir den Wert der Welt.
Was wird nur bleiben für die Kinder?
die Erde ist schon angezählt.

Drum löscht die Flammen rigoros
und öffnet eure innere Tür.
Bewahrt uns vor dem schlimmsten Los
und hemmt das wuchernde Geschwür.

Es sind die Kinder heutzutage
für Umweltschutz, und protestieren.
Das ist ein Lichtblick, ohne Frage,
nur sollt´ die Menschheit reagieren!

Doch werden diese Kinder später,
wenn selber sie einst Macht besitzen
es besser machen als die Väter
und ihre Umwelt wirklich schützen!?

Klassentreffen

Wir hatten neulich Klassentreffen,
das erste nach fast vierzig Jahr'.
Und mit dabei war auch der Steffen,
der in der Schul' der Kleinste war.

In Freundschaft waren wir verbunden
und saßen auf der gleichen Bank.
Auch spielten wir oft viele Stunden
und kannten weder Streit noch Zank.

Dann später, in der zehnten Klasse,
war er von Mädchen sehr begehrt.
Er sah gut aus und hatte Rasse,
es hatten alle ihn verehrt.

Und nach der Schulzeit war er bald
als Schönster weit und breit bekannt.
Nicht selten blickten Jung und Alt
stets neidvoll auf ihn wie gebannt.

Jetzt sah ich ihn zum ersten Mal
nach Ewigkeiten vor mir stehen.
Doch Steffen, nein – wie kolossal,
ich dacht', ich hätte mich versehen.

Was ist das für ein Monster bloß,
das kann doch nicht der Steffen sein!
Im Hals verspürt' ich einen Kloß,
mir fiel kein Wort der Freude ein.

Mein letztes Klassentreffen

Klassentreffen hin und wieder,
mag ich gern und lieb sie sehr.
Doch das letzte Klassentreffen,
war am Ende mir zuwider.

Der dicke Mops, schon damals rund,
der setzte sich an meine Seite.
„Du bist ja furchtbar alt geworden",
gab er mir wenig schmeichelnd kund.

Daheim, als ich den Spiegel fragte,
da bin ich nachdenklich geworden.
Der Spiegel kann ja nichts dafür,
es ist nicht falsch, was er mir sagte.

Doch Klassentreffen mag ich nimmer,
obgleich ein jeder alt geworden.
Von andern hört man´s halt nicht gern,
da trifft es einen umso schlimmer.

Dampfplauderer

Gefürchtet sind die Zeitgenossen,
die hemmungslos und unverdrossen
ihr Mundwerk und die Zunge wetzen
und weder Punkt noch Komma setzen.

Solch Menschen sind ganz ohne Frage
für ihre Umwelt eine große Plage,
weil sie auf andere nicht hören
und damit jede Unterhaltung stören.

Man könnte sie vielleicht ertragen,
sofern sie würden etwas sagen,
doch leider reden sie Stakkato nur
und schwätzen pausenlos in einer Tour.

Als letztes Mittel sich zu wehren,
wär´ nur den Rücken ihnen kehren,
doch will man Anstand sich bewahren,
dann bleibt man hilflos festgefahren.

Schweigen ist ein Teil der Sprache

Es sitzen Menschen gern beisammen,
um sich vergnügt zu unterhalten.
Und lässt sich dieses gut entflammen,
kann jeder sich ganz frei entfalten.

Doch wenn dann plötzlich ungeniert,
na ja – die Dingsda – in die Runde platzt
und einen Redeschwall gebiert,
dann sind sie alle angekratzt.

Ein solches Mundwerk kann auf Dauer,
wohl kein normaler Mensch ertragen.
Und ist am Ende man stocksauer,
dann sollt' man ihr am besten sagen:

„Bedenke, dass du Ohren hast,
drum lass auch mal den Mund zu Haus,
sonst fällst du anderen zur Last
und bist für sie ein wahrer Graus.
Es dient bei dir der Mund zumeist,
für endlos fade Wortgebrause,
wodurch du nebenbei beweist,
du laberst ohne Atempause.
Das Schweigen ist ein Teil der Sprache,
doch kennst du leider solches nicht,
und weil das nicht ist deine Sache,
hat deine Sprache kein Gesicht!"

Dem Schwätzer sei gesagt

Führst du den Mund zum Reden aus,
so lass´ die Ohren nicht zu Haus.
Wenn nur die Zunge ist im Spiel,
dann treffen Worte nicht ins Ziel.

Wer redet, sagt oft herzlich wenig,
wer schweigen kann, zeigt sich als König.
Denn wer im Reden übt Verzicht,
der hat im Wort viel mehr Gewicht.

Wer schweigen kann, zeigt seine Größe,
wer redet, meist nur seine Blöße.
Im Schweigen liegt die wahre Stärke,
auf dass der Schwätzer sich das merke!

Und außerdem:
Ein Schwätzer benutzt den Mund,
ein Gescheiter gebraucht den Verstand,
ein Kluger bedient seine Ohren,
ein Weiser kann auf all das verzichten.

SUV-Protzen

Die Mama fährt im SUV ihr Kind,
zur nahen Schule hin geschwind.
Dann braust sie weiter in die Stadt,
worin sie Halbtagsarbeit hat.

So bleibt ihr nachmittags viel Zeit,
zu frönen ihrer Lustbarkeit.
Es ist der Grieche vorzugsweise,
bei dem sie schätzt Getränk und Speise.

Derweil ihr Mann, du liebe Zeit,
sein Weg zur Arbeit ist recht weit.
Frühmorgens setzt er sich aufs Rad,
bei jedem Wetter akkurat.

Und abends fühlt er ausgesprochen,
in seinem Körper jeden Knochen.
Das Auto käme ihm gelegen,
doch braucht's die Frau – des Kindes wegen?

Zwei kleine Autos wären recht,
doch seine Frau hält das für schlecht.
Die Protzkarosse schätzt sie sehr,
sie macht vor Nachbarn etwas her!

Der Handywahn

Man nennt sie Smombies einfach nur,
die Menschen, die gesenkten Hauptes stur
auf ihr geliebtes Handy glotzen.
Sie stolpern zappend kreuz und quer
und völlig blind durch den Verkehr;
der reine Wahn – es ist zum Kotzen.

Der Typ von Mensch ist zwar nicht neu,
bei dem das Hirn ist voll mit Heu,
nur weiß man jetzt, zu was es nutzt.
Und schließlich ist, man glaubt es nicht,
die Gegend nördlich vom Gesicht,
mit reichlich Stroh noch ausgeputzt.

Der Smombie surft durchs ganze All
und googelt auf dem Erdenball
mit hektisch großem Zeitaufwand.
Und was er weiß dann hinterher,
das ist so öde und so leer,
und hat den Wert von Flaschenpfand.

Man sieht ihn tippen und viel wischen,
und außerdem hört man dazwischen,
was wohl als Sprache ist gemeint.
Denn ähnlich wie des Bauern Sau,
benutzt er einen Sprachverhau,
der wohl dem Grunzen ähnlich scheint.

Café Togo

Der Opa fragt sein Enkelkind,
ob es denn weiß, wo in der Stadt,
das neue Café Togo wäre.

„Den ganzen Tag hab ich gesucht,
doch nirgendwo ist es zu finden.
Es steht doch in der Zeitung drin,
ein Café Togo hat eröffnet.
Ich würde gern aus Afrika,
mal echten schwarzen Kaffee trinken."

Doch Kevin kennt das Café nicht
und hat von Togo nie gehört.

„Das ist ein Land in Afrika,
und ihr, ihr Jungen wisst das nicht?"
belehrt ihn Opa vorwurfsvoll.

Drauf lacht der Kevin schadenfroh.
„Dein Café heißt Coffee to go
und hat mit Togo nichts zu tun."

„Ich kenne kein Coffee to go,
ich hab davon noch nie gehört",
sagt kleinlaut drauf der Opapa.

„Das heißt", sagt Kevin schlau und listig,
„mein Opapa, jetzt sind wir beide quitt!"

Sprachverhunzer

Mit deutscher Sprache, wie man weiß,
lässt sich´s dichten wie´s gefällt.
Die deutschen Dichter sind Beweis,
man schätzt sie auf der ganzen Welt.

Als Land der Dichter und der Denker,
ist Deutschland weltweit anerkannt.
Doch dank der deutschen Sprachelenker
wird unser schönes Deutsch verbrannt.

Es zieht durchs Land die Denglischplage
und infiziert die deutsche Sprache.
Verblödung ist das, ohne Frage
und Schwachsinn ist die Hauptursache.

Allein das Denglisch reicht noch nicht,
es muss noch etwas andres her.
Denn Sprachverhunzer sind erpicht,
auch noch zu gendern kreuz und quer.

Sie wollen Studentenvertreterinnen
nebst Studentenvertreter zur Sprache bringen.
Und Studentinnenvertreterinnen
sollen mit Studentinnenvertreter ringen.

Vernagelt im Kopf und der Sprache nicht mächtig,
wird längst auch „man" und „frau" geschrieben.
Das unschuldige „man" als „Mann" verdächtig,
ja sind diese Narren von Blödheit getrieben?

Schreib einfach wie du willst

Es hieß einmal, wer schreibt, der bleibt,
da aber kaum noch jemand schreibt,
so fällt auch nicht mehr ins Gewicht,
wie aussieht irgendein Bericht.

Ein gutes Deutsch wird Mangelware
und ist nicht mehr das wirklich Wahre.
Denn schreiben nach der neuen Regel,
treibt hoch den Blutdruckpegel.

Setz ruhig dein Komma wie's dir passt,
das ist normal im Alltag fast.
Schreib groß, schreib klein, es ist egal,
denn bald wird Kleinschreibung legal.

Und weißt du nicht, ob man ein Wort
zusammenschreibt, oder auch nicht.
Schreib einfach wie du willst, fahr fort,
es herrscht da keine klare Sicht.

Doch trotzdem – nimm die alten Regeln
und lass dich durch die Sprache segeln.
Wenn nicht, dann stolperst du in Fallen
und wirst auf manche Tücken prallen.

Der Schwachsinn kennt kein Ende

Man sollte es nicht sagen müssen,
dass eine Sprache dazu dient,
sich gegenseitig zu verstehen.
Doch unsre Sprach- und Schreibkultur
befindet sich im Krankenstand.

Die alten Rechtschreibregeln sind fortan
zwecks Chancengleichheit ausgehebelt.
Was rein politisch war gewollt,
ist tödlich für die deutsche Sprache.

Den Schülern wollte man begegnen,
damit sie Deutsch viel leichter lernen.
Doch ging der Schuss nach hinten los,
denn Chaos ist daraus erwachsen.
So folgten dieser Schreibreform,
noch weitere Reformen nach.

Die neuen Regeln sind ersonnen,
nicht von Lehrern für das Deutsch,
nicht von Journalisten, Germanisten,
nicht von Dichtern und von Denkern,
nicht von Geisteswissenschaftlern,
und nicht von Menschen die beruflich,
der deutschen Sprache nahestehen.
O nein, es sind die Sprachverhunzer,
selbsternannte Sprachenkenner,
sozusagen Sprachidioten,
die der deutschen Sprache schaden.

Ja selbst die Dudenredaktion,
einstmals Sprachbewahrer der Nation,
ist nur noch ein Erfüllungshelfer.

Wer selten schreibt und wenig liest,
den mag das alles wohl nicht stören.
Doch all die andern sind betroffen
und fürchten um die deutsche Sprache.

Wenn Konrad Duden, Goethe, Schiller,
und Herder, Grimm und auch der Luther,
die für schöne Sprache standen,
heut´ wüssten, was mit ihr geschieht,
dann würden alle sich im Grabe drehen.

Ist das würklich richtich

Die Sprache, wie die Schrift sie kennt,
scheint langsam ausgedient zu haben.
Denn in der Aussprach' hört man deutlich,
ein Deutsch wird kaum noch klar gesprochen.

Seht nur einmal das ü im Wort,
ist würklich wirklich richtich – äh richtig?
Auch Würsing, Pfürsich sind betroffen,
da braucht es doch ein i statt ü.

Was ist nur los mit unsrer Sprache,
ist sie denn wirklich gar so schwierig?
Ein Wort gehört doch so gesprochen,
wie's drin in einem Buche steht!

Auch fertich, Essich ist nicht lustig,
und mächtich, wichtich ist nicht richtig.
Warum wird da nicht ig gesprochen,
und seid so furchtbar liederlich?

Sogar die Fernseh-Sprecher(innen),
die in der Aussprach' sind geschult,
sind infiziert von dieser Pest
und sprechen nach der Norm nicht richtig.

Ja selbst das r kommt bös daher
Und röchelt in der Gurgel sehr.
Das r viel schöner auf der Zunge rollt,
im Schlund dagegen röhrt 's gequält.

Man hat als Kind doch schon gelernt,
sprich deutlich, dass man dich versteht!
Im Dialekt, da kannst du reden,
wie dir gewachsen ist der Schnabel.

Da kannst du keinen Fehler machen,
kannst jeden Ausdruck trefflich wählen.
Doch leider sterben, wie bekannt,
die Dialekte alle aus.

Das Schriftdeutsch aber soll man sprechen,
grad wie's geschrieben wird,
sonst ist ein Sprachfehler vorhanden,
der furchtbar in den Ohren schmerzt.

Schau nur, wie sie kucken

Gucken heißt es für gewöhnlich,
wenn man durch ein Astloch lurt.
Andernfalls kann man auch schauen,
wenn es was zu sehen gibt.

Doch Journalisten, Sportler, Sprecher,
im Fernseh´n sagen alle gucken.
Warum in aller Welt zum Kuckuck,
gucken denn die Leute alle?

O nein! – nicht gucken, sondern kucken
dringt´s überscharf ins Ohr.
Denn schon das „k" ganz vorn im Wort,
klingt hart wie´s „ck" in der Mitte.

Grausam, kann man da nur sagen;
guckt doch wenigstens mit „g"!
Besser noch, ihr würdet „schauen"
und das „Kucken" bleiben lassen.

Sale, Sale

Sale, Sale, nichts als Sale,
liest man heut´ an allen Tagen.
Liegt nicht Halle an der Saale
und hat ein „a" hier unterschlagen?

Sale, Sale, groß geschrieben,
man könnte sich die Haare raufen.
Was wird mit Sale denn betrieben,
ja meint man damit kaufen, kaufen?

Verkaufen kann es wohl nicht sein,
dann müsst man´s ja „for sale" nennen.
Doch „for sale" schreibt man klein,
wie´s die Staaten drüben kennen.

Wenn irgendein Verkauf ansteht,
dann heißt´s in USA for sale.
Wer Sale schreibt, ist Analphabet,
ein Sprachverhunzer in jedem Falle.

Mit was denn wollen sie sich brüsten,
mit Schwachsinn, der sich Denglisch nennt?
Und weil sie gutes Deutsch verwüsten,
sind sie sprachlich impotent.

Jeder, der auf sich was hält,
liebt und pflegt die Muttersprache.
Doch der Denglisch-Narren Welt
ist die Sprache einer Wildsaubache.

Armes Deutschland

Zigeunerschnitzel gibt´s nicht mehr,
und magst du sie auch noch so sehr.
Zigeuner geht schon lang nicht mehr,
und fällt es dir auch noch so schwer.
Zigeunerbaron, wie sieht´s denn aus,
wird´ Sinti oder Roma draus?

Den Mohrenkopf kannst auch vergessen,
und bist du noch so drauf versessen.
Auch sagt man nicht mehr Negerkuss,
sonst gibt es Ärger und Verdruss.
Und demnächst ist Hawaii-Toast dran,
der steht bereits im Umsturzplan.

Auch Eskimos soll`s nicht mehr geben,
die droben in der Arktis leben.
Der Inuit hat dort das Sagen,
was anderes darfst nicht mehr wagen.
Und Fräuleins gar, einst sehr umworben,
die scheinen heute ganz verdorben.

Gib acht, wenn du Frakturschrift wählst,
weil sonst du zu den Nazis zählst.
Und mancherlei Gesellschaftsklassen,
woll´n nichts mehr hör'n von Menschenrassen.
Rassismus soll´s dann nicht mehr geben,
wer's glaubt, der mag wohl selig werden.

Gar nichts von allen diesen Dingen,
darf aus deutschem Munde klingen.
Tust du´s doch, dann heißt es schnell,
bist wohl ein Rechtsextremer, gell!
Musst stets mit deiner Sprache ringen,
sonst wird man dich ins Abseits bringen.

Doch lässt du dich nicht unterkriegen
und dir die Wortwahl nicht verbiegen,
dann bist zwar lang noch nicht extrem,
doch für die Sprachepantscher unbequem,
denn die verscheuchen Wort für Wort,
aus der deutschen Sprache fort.

Es gäb´ noch vieles zu beklagen,
was man am Ende nicht darf sagen.
Sollst nicht am wahren Wort sehr kleben,
mit Lügen kannst du ruhiger leben.
Denn Wahrheit ist nicht sehr geschätzt,
da sie von Dummen wird gehetzt.

Auch Tradition wird klein geschrieben
und dem Deutschen ausgetrieben.
Schaut zu Nachbarländern, lernt davon,
dort pflegt man gern der alten Väter Ton.
Armes Deutschland, angeschmoren,
hast wohl jeden Stolz verloren!

Dummheit wächst im Quadrat

Gegen Dummheit, meint der Volksmund,
sei kein Kraut gewachsen.
Deshalb lautet der Befund,
Dummheit lässt sich nicht bekämpfen.

Neuerdings hat man herausgefunden,
gegen Dummheit hilft nur Bildung.
Doch wer glaubt, das sei die Lösung,
leidet sehr an Sinnestäuschung.

Der Beweis liegt auf der Hand,
dass Bildung hierzu gar nichts tat.
Denn erschüttert stellt man fest,
Dummheit wächst jetzt im Quadrat.

Zeit bleibt Zeit

Es hastet und hetzt der Mensch durch die Zeit,
von der er glaubt, sie sei ihm zu knapp.
Dabei hat der Mensch, wie historisch bekannt,
ein Maß heut´ an Freizeit wie niemals zuvor.

„Ich hab es sehr eilig und hab keine Zeit",
so hört man es heute landauf und landab.
Was hätten die Alten denn früher gesagt,
die kaum eine Freizeit je gekannt´?

Sie lebten in und mit der Zeit,
sie war schlicht gefüllt mit Mühe und Plag´.
Doch heut´ hat der Mensch alle Zeit von der Welt,
und trotzdem läuft er ihr stets hinterher.

Der Mensch beklagt, dass ihm die Zeit,
viel zu schnell vorübergeht.
Und immer schneller und geschwinder,
verfliegt die Zeit und geht dahin.

Doch die Zeit – die liebe Zeit,
sie ist sich immer gleich geblieben.
Allein der Mensch hat sich verändert
und mag den Wert der Zeit nicht schätzen.

Ach du liebe Zeit

Heute ist Gegenwart,
gestern Vergangenheit,
morgen Zukunft,
der Tag ist zu Ende.
Trifft sich nicht alles am selben Tag?

Die Vergangenheit wächst ins Unendliche,
in ihr steckt alle Erfahrung.
Die Gegenwart ist kurz,
in ihr werden alle Fehler begangen.
Die Zukunft wird morgen geboren,
sie wird die Fehler der Gegenwart tragen
und jene aus der Vergangenheit mitschleppen.

Die Mächtigen bestimmen die Gegenwart,
die Jugend hat Angst vor der Zukunft,
die Alten schwelgen in der Vergangenheit
und unken:
„Die Zukunft ist auch nicht mehr das,
was sie einmal war."

Halt still in dieser Zeit

Advent, das ist die stille, ruhige Zeit,
bloß merkt man kaum etwas davon.
Denn Stille und Besinnlichkeit,
ist nur noch reine Illusion.

Was bringt die schönste Weihnachtszeit,
die in der Hektik untergeht?
Wo ruhelos Betriebsamkeit
anstelle von Besinnung steht?

Besinn dich Mensch, grad im Advent,
lass dich nicht treiben von der Zeit.
Ein Mensch, der nur die Unrast kennt,
hat nie die rechte Weihnachtsfreud`!

Der beste Tag ist immer heute

Es ist ganz klar, die Zeit verrinnt,
bevor man sich oft recht besinnt.
So kann man gut den Wunsch verstehen:
„du liebe Zeit – jetzt bleib doch stehen!"

Doch leider bleibt sie niemals stehen,
musst unaufhaltsam mit ihr gehen.
Drum soll euch jeder Tag auf Erden
ein wahrer Freund im Leben werden.

Der beste Tag ist immer heut,
drum setzt euch hin, ihr lieben Leut.
Dann sollt ihr lachen – dürft auch weinen,
was morgen ist, das weiß doch keiner!

Das Übel der Welt

Es mag in dieser Welt,
der Mensch nicht ohne Kampf und Kriege leben.
Denn was am Ende für ihn zählt,
sind Habgier, Neid und Herrschersucht.

Alleine was ihm dazu dient,
das ist sein übler, krankhafter Verstand.
Im Herzen drinnen bösgesinnt,
ist schlechter er als jedes Tier.

Es kann wohl alles in der Welt,
versiegen und gar dauerhaft verschwinden.
Doch was sich wirklich ewig hält,
sind unausrottbar nur die Kriege.

Gar vieles hat der Mensch erfunden,
das Schönste aber will ihm nicht gelingen.
Er kann und will`s auch nicht erkunden,
es wär´ in Ewigkeit der Friede.

Ehrenkranz oder Dornenkrone

Ein Virus, das man Covid-19 nennt,
das Jung und Alt und jedes Kindlein kennt,
verbreitet Angst und Grauen überall,
in jeder Ecke auf dem Erdenball.

Das Virus, als Corona kurz benannt,
hat rasend schnell die Menschheit überrannt
und ihr den Tod vieltausendfach gebracht
als heimlich schleichend unsichtbare Macht.

Das Virus kennt nicht Gnade und Erbarmen,
es macht nicht Halt vor Reichen und vor Armen.
So herrscht in diesem Fall Gerechtigkeit,
die sonst wohl fremd ist allezeit.

Ein Winzling, mikroskopisch nur erkennbar,
es zeigt dem ach so stolzen Menschen klar,
du bist nicht der Beherrscher dieser Welt
und kannst nicht tun was dir allein gefällt.

Im Wort Corona steckt ein Widerspruch,
denn dieses Wort gilt nun als böser Fluch.
Doch hat Corona, dieses Unschuldswort,
im Ursprung einen andren Ausgangsort.

Corona nennt man Krone oder Kranz,
wie auch die Sonne zeigt uns solchen Glanz.
Und früher schmückte man, um schön zu glänzen,
manch Haupt mit Krone oder Lorbeerkränzen.

Auch eine Heilige mit diesem Namen,
gehört ganz sicherlich in diesen Rahmen,
der einst man grauenvoll das Leben raubte,
weil sie an Gottes Licht und Glanze glaubte.

Die Virologen fanden schnell heraus,
das Virus sieht wie eine Krone aus.
Das mag wohl sicher stimmen, zweifelsohne,
doch besser passen würde Dornenkrone!

Heimat, bist so fern

Als junger Mensch bin ich gereist,
für immer in ein fernes Land.
Hab nicht gewusst, was Heimat heißt,
war stets der Ferne zugewandt.

Und jetzt im Alter, sonderbar,
wird drinnen mir mein Herz oft schwer.
Denn plötzlich wird mir schrecklich klar,
dass mir die Heimat fehlt so sehr.

Im Traum, da sehe ich oft klar,
wie ich zurück zur Heimat kehr.
Und manchmal weht mir wunderbar,
ein Gruß aus meiner Heimat her.

Mit Wehmut blicke ich zurück,
zu meiner Kindheit fernen Ort.
Dort herrschte stets Familienglück
und Herzensfreude immerfort.

O Heimat mein, wie bist du fern,
kann dir die Hände nicht mehr reichen.
Bei meiner Seele, hab dich gern,
warum nur tat ich von dir weichen?

Das Alter erst hat mich gelehrt,
was Heimat ist, was Heimat heißt.
Heut ist mir klar, es war verkehrt,
dass ich so früh bin fortgereist.

Was bleibt, ist die Erinnerung
und blasse Bilder aus der Zeit.
Verwaschen auch der Eltern Widmung,
die mir als karger Rest verbleibt.

Jetzt sind die Augen mir verschwommen;
mein Vater damals hat gegreint.
Und als ich Abschied hab genommen,
hat auch die Mutter still geweint.

Mein Heimatland, du bist so fern,
mein Herz, es blutet insgeheim.
Ich grüß dich traurig aus der Fern´,
dass ich zwar leb, doch nicht daheim.

Heimat ist nicht irgendwo

Der Deutsche kennt wohl viele Heimatlieder
und liebt und singt sie gern auch hin und wieder.
Doch will er seine Heimat definieren,
sucht er nach Worten oft und muss sinnieren.

Allein mit Worten kommst nicht weit,
denn Heimat ist nicht Kopfarbeit.
Du musst den wahren Sinn erfassen,
sonst mag ein jedes Wort verblassen.

Und willst zum wahren Sinne finden,
so kannst ihn nur im Herz empfinden.
Doch wer die Heimat hat vergessen,
hat sie im Herzen nie besessen.

Wer überall daheim sich glaubt,
dem fehlt der Sinn gar überhaupt.
Der lebt mal hier und gern auch dort,
und oft ist ihm egal der Ort.

Die Heimat ist nicht irgendwo,
denn irgendwo ist nirgendwo.
Man kann zwar leben überall,
doch Heimat ist's in keinem Fall.

Die Heimat lässt sich nicht versetzen,
kannst auch nicht lernen, sie zu schätzen.
Auch kannst du Heimat nicht studieren,
die musst du drin im Herzen spüren!

Fortschritt

Erst war´s die Faust und dann das Beil,
danach das Schwert sowie der Pfeil.
Und auch die großen Reiterhorden,
sorgten oft für schlimmes Morden.
Und über Pulver und Muskete,
erfand man schließlich die Rakete.
Nun halten wir Atom bereit,
fürs Ende sicher – jederzeit.

In treuer Pflicht

Einst jung und dumm voll Zuversicht,
mit Gloria dem Feind entgegen.
Dann Ehr´ und Ruhm im Kampfgericht,
mit stolzer Brust verwegen.

Doch all sein Tun in treuer Pflicht,
es kostet ihn das Leben.
Jetzt muss er ruh´n – vergiss ihn nicht,
vergebens war sein Streben.

Für Vaterland und Kaiser

Sie zogen lachend in den Krieg
für Vaterland und Kaiser.
Man tönte stolz von Ehr' und Sieg,
erst laut, dann immer leiser.

Viel Eisen gab's und wenig Brot,
sie sangen trotzdem Lieder.
Und anderntags warn alle tot,
es kehrte keiner wieder.

Der Tod bleibt immer Sieger

Geh nur, geh, zieh in den Krieg,
ohne Pflicht aus freiem Willen!
Träumst von Ehre und von Sieg,
willst auch deinen Ehrgeiz stillen!

Vorn im Graben – ratsch, bum-bum,
jetzt kannst deinen Mut beweisen.
Doch die Angst, sie macht dich stumm,
denn die Luft enthält viel Eisen.

Kameraden siehst du sterben,
hörst sie schreien, hörst sie weinen.
Mitten drin in dem Verderben,
willst auch du am liebsten greinen.

Welch´ ein gnadenloses Leiden,
kannst dem Elend nicht entrinnen.
Denn der Tod, er will sich weiden,
er allein nur kann gewinnen.

Du hast Glück, doch ungeschoren,
bist du nicht davon gekommen.
Hast nur grad ein Bein verloren,
den andern war der Leib genommen.

Die Tränen schmecken ach so bitter

Im fernen Lande – Stahlgewitter,
verlassen fühl´ ich mein Verderben.
Die Tränen schmecken gar so bitter,
ach, könnt´ ich nur zu Hause sterben.

O fremdes Land, o kalte Weite,
sie hält mich fest mit ihren Krallen.
Ich spür´ den Tod an meiner Seite,
mein Gott, lass mich nicht fallen.

Du Vaterland, hörst nicht mein Klagen,
geliebte Heimat, bist´ so fern.
Ich kann dir´s nicht mehr selber sagen,
bei meiner Seele, hab´ dich gern.

Es trägt ihn hoch mit leichter Hand,
er fühlt sich wie ein Federflaum.
Ach – zeige mir mein Vaterland,
nur einmal noch – und sei´s im Traum.

AM SCHLUSS EIN WENIG BAYERISCHES

Wenn man den Umfragen Glauben schenken darf, dann ist der bayerische Dialekt der beliebteste in Deutschland. Gemeint ist damit das Atlbairische, also die Dialekte der Oberbayern, der Niederbayern und der Oberpfälzer. Werden diese klar und deutlich gesprochen, dann dürften sie gut verstanden werden. Anders das geschriebene Wort. Da beißt es oft gewaltig aus. Das zu lesen, tun sich selbst gar manche Bayern schwer, und die Jungen gleich gar, denn die sind meist nicht einmal mehr in der Lage, ihren eigenen Dialekt zu sprechen, geschweige, diesen lesen zu können. Der Dichter hat sich deshalb bemüht, die Schreibweise weitgehend moderat zu gestalten, was ihm die eingefleischten Altbaiern nachsehen mögen.

Vielleicht ham`s recht, die alten Leut

Man hört gar oft von oide Leit,
dass früher schöner war die Zeit.
Wia die no kloane Kinder warn,
san fast no koane Autos gfahrn.

Da hat ma auf der Straß no gspuit
und hat sich trotzdem sicher gfuit.
Und is was kemma, na is' gwesn,
vielleicht vom Dokta, die oid Schesn.

Ja heut muaßt hupfa wia a Reh,
willst nur grad über d' Straß numgeh.
Von alle Seitn kemma's o
und wennst ned aufpasst, na bist dro.

Zum Überlebn, i sag's wia's is,
brauchst heut an Zebrastreifn gwieß.
Die Radler, die ham aa ihr'n Weg,
so hat a jed's sei Privileg.

Bloß für die Kinder, da beißt's aus,
die bleim am bestn glei im Haus.
Und dass koan Schadn kriagn am Lebn,
san d' Spielplätz mit a'm Zaun umgebn.

Als Kind hat früher wohl no koans,
a Zimmer ghabt für sich alloans.
Heut ham die Kleanstn scho ihr'n Raum,
mit Fernseh- und Computertraum.

Sie ham ois – und san doch so arm,
im Herzn drin, da werds net warm.
Berieslt wern's von alle Seitn
und oftmals tuat ma's irreleitn.

Des kenna d' Kinder net von heit,
was mia oft trieb'n ham seinerzeit.
Mia warn hoid immer drauß, mia Kinder,
im Sommer grad so, wia im Winter.

Wohl hundert Spiele ham mia kennt,
san bis zum Betleutn oft grennt.
Dahoam sterbn d'Leut, hat's früher ghoaßn,
drum war's a gsünder, rum zu roasn.

So ham die Kloan' a Freiheit gspürt,
die bis in d' Seele nei hat gführt.
Vielleicht ham's recht, die oidn Leit,
dass früher schöner war die Zeit.

Und jede Gaudi war uns recht

Wenn i heut an mei Kindheit denk,
kommt sie mia vor, ois wia´r a Gschenk.
Mia ham zwar net vui ghabt zum Lebn,
weil nach´m Kriag hat´s fast nix gebn.

Und trotzdem möcht i koa Stund missn,
i will's koa bisserl anders wissn.
A Tausch mit Kindern heutzutag,
der käm für mich gar nia in Frag.

Glei nach der Schul san mia scho furt,
der Paul, der Franz, der Sepp, der Kurt.
Und wenn ma drauß warn bis auf d´ Nacht,
na hat's dahoam vielleicht a weng kracht.

Koa Wetter war uns damois z'schlecht
und jede Gaudi war uns recht.
Und was ma trieb'n ham ganz konkret,
war diamoi brav – und wieder need.

Manch Spiele ham mia gspuit und grauft,
und für a Fünferl Guatl kauft,
ham Schusser gspuit und Kreisl trieb'n,
mit Kreid´n an die Hauswänd gschrieb'n,
an Geldbeutl mit Schnur ausglegt
und damit manche Leut reiglegt,
aus Haslnuss a Pfeiferl gschnitzt,
zum Pickln trümmer Pflocka gspitzt.

Aus Schnee ham mia Festung baut,
beim Nachbarn Birn und Äpfe klaut,
Verfangs und Räuber und Schandi gspielt,
beim Biesln über d' Mauer zielt,
die Glock'n putzt an fremde Häuser,
und Schlittschuah gfahrn mit Stöcklreißer,
mit Pfeil und Bogen ham ma gschossn,
und mit Glasschermviertler z'sammagstoßn.

Ham Totenköpf aus Ruam uns gmacht,
mi'm Schlittn oft an Baum hi'kracht
und Maikäfer zum Tauschn g'sammlt,
mit Schnee an Hauseingang verrammlt,
und's Roaftreib'n, des war aa recht herrlich,
mit oide Radlfelg'n, versteht sich.
Des wa a Leb'n, so ham ma's kennt,
die ganz Zeit drauß – und oiwei grennt.

Nach langer Zeit, da hab i's bsuacht,
mei oide Hoamat – und hab gsuacht.
Da wo mia gspuit ham ungeniert,
is ois verbaut und betoniert.
Da gibt's koan Baum mehr und koa Wiesn,
da stehnga lauter Wohnhausriesn.
De oide Straß tuats nimmer geb'n,
und auf der neia – geht's ums Leb'n.

Es is hoid alles anders worn,
und trotzdem hab i nix verlorn,
d' Erinnerung, die is ma blieb'n,
die is mia tiaf ins Herz neig'schrieb'n.

Beim Nachbarn drüb'n

A echter Gartler – ohne Spaß,
der g'hört zu einer bsondern Raß.
Wia d' Angler und die Jagersleit,
dean's übertreib'n mit großer Freid.

Was die oft alles z'sammalüag'n,
da kunnt's dir glei die Schuah ausziagn.
Was die für Gschichterl oft erzähl'n,
des nennt der Volksmund schlicht „Latein".

Ob Radi, Kraut, Salat und Ruam,
sie ham koan Schneck und aa koan Wurm.
Und wenn's ihr Zeugl oft beschreib'n,
na brauchas d' Händ zum Übertreib'n.

So manches Früchterl – sonderbar,
is größer wia'r a Fuaßball gar.
Die Gurkn wern an Meter lang
und d' Kürbis kannst alloa ned tragn.

Der ander moant sogar ganz gwiß,
bei eahm drübn wär das Paradies.
Derweil plagt er sich bsonders schwer
und schuft' sich ab ois wia'r a Bär.

Er kann sich fast scho nimmer bucka,
so tuat eahm hint und vorn ois' drucka.
Es gfreit'n hoid sei Märchenland,
weil's gwachs'n is von eig'ner Hand.

Bloß drüb'n, beim Nachbarn, da schaut's aus,
da kommt scheint's lauter Unkraut raus.
Des is a Öko, wia ma sagt,
der hat sich nia no richtig plagt.

Und trotzdem hoaßt's oft, schau, wia fei,
des kunnt der Gart'n Eden sei.
„Warum i da so sicher bin?
Ich selber sitz ja mitten drin!"

I hab koa Zeit

Wenn i amoi in Rente geh,
na moan i, tuat ma nix mehr weh.
Dann mach i bloß no was i wui
und richt mi pfeilgrad nach mei'm Gfui.

Was i vermisst hab Jahr für Jahr,
des mach i alles nachher wahr.
Und wer mi fragt, was i dann tua,
dem sag i, „guat, dann horch mia zua!"

I roas in meiner Hoamat rum,
damit i endlich woaß warum,
dass uns die Preißn oiwei bsuacha
und was' im Bayernlandl sucha.

I fahr mi'm Radl in der Fruah
in Wald naus und in d' Flur,
und dass i's aushalt bis auf d' Nacht,
wird zwischendurch a Brotzeit gmacht.

I möchte im Frühjahr gern begreifa,
wie d' Vögl singa und wia's pfeifa,
und lass mi aa vom Herbst verlocka,
wenn's zeitig is zum Schwammerlbrocka.

I setz mi in mein Gart'n nei
und soll's dann wirklich amoi sei,
des bisserl Arbat, was liegt dro,
schau i doch ois mei Hobby o.

I les mi durch mein Büachaschrank,
bsuach ab und zua an Bauernschwank,
und wenn's mich gfreit, na tua i dicht'n,
und z'sammabast'ln kloane Gschicht'n.

Des alles und no vui, vui mehr,
des geht mia nach der Rente her.
Des werd a Leb'n, so hab i's gern,
i tät's am liabst'n in die Welt nausplärrn!

Auf oamoi – schnell is´ ganga z'letzt,
ham's mich in Ruhestand versetzt.
Und's End vom Liad, des is glei gsagt,
von alle Seit'n bin i gfragt.

Verwandte, Freind und ander Leit,
die moana alle, i hätt Zeit.
„Geh mach mia des und mach des sell,
und alles glei und auf der Stell!"

Was wolln's denn alle bloß von mir,
i mach ja eh scho wia a Stier.
I komm ja ned amoi dazua,
dass i mei Zeitung lies in Ruah.

Jetzt kenn i'n aa, den Spruch, den alt´n,
von dem i früher nix hab ghalt'n:
„I hab koa Zeit, weils mir pressiert,
i bin jetzt nämlich pensioniert!"

Mich fress´n d´ Würm

A jeder Mensch, ob groß, ob kloa,
der hat amoi mi'm Tod zum toa.
Und jeder Mensch und jedes Leb'n,
muaß irgendwann sein Abschied geb'n.

Es steht scho in der Bibel gschrieb'n,
auf Erden is no neamd ned blieb'n.
Und trotzdem geht koa Mensch verlor'n,
sonst wär er ja umsonst gebor'n.

Denn Gott der Herr verliert koa Wes'n,
des jemals auf der Welt is gwes'n.
Doch mancher Mensch – es is a Graus,
der glaubt, mi'm Tod is alles aus.

„Mich fressn d' Würm, des sell is gwiß,
und alles andre is a Gschieß!
Mit deiner Seele wennst ned gehst,
an so was glaub i ned, verstehst!"

So hört ma's redn, d' Leut, und moana,
was übrig bleibt, san höchstens Boana.
Ja ham denn die no niamals gspürt,
was sich im Herz'n manchmoi rührt?

A Schmerz, den wo ma ned recht kennt,
der z'allertiafst in dir drin brennt?
Da wo koa Doktor ned dro rüttelt,
und wo's dich schmeißt – und wo's dich schüttelt?

Mei liaba Bua, des merk dir guat,
des is die Seele, die so tuat!
Wenn des ned neigeht in dein Kopf,
na bist a recht a armer Tropf!

Osterhas und Suppnhenna

„I hätt's aa ned besser könna",
sagt die oide Suppnhenna,
wia da Has an Ostern denkt
und sein Hintern sich verrenkt.

„Eier muaß i dringend legn",
sagt der Has, „weils die Leut so mögn."
Und die Henna huift eahm ned,
weils bei ihr hoid nimmer geht.

Und der Has der druckt und druckt,
wia'r a merkt, dass' hintn juckt.
Und die Henna schaugt entgeistert,
was der Has da z'sammakleistert.

„Mei, san des an Haufa Eier,
und so kloa, ja Menschens Meier.
Hundert Eier san des gwiß,
und da machst du so a Gschieß?"

Noch is Ostern ned verlorn,
denkt der Has in seinem Zorn.
Aus dem Gschäft wird no was wern,
glei werds d' Henna von mir hörn.

„Lauf zu deine Gschwister num,
geh no zua, sei ned so dumm!
Tausch ma aus, es wird sich lohna,
kriagst von mir die Mokkabohna!"

I bin a Sonntagskind

An Rucksack voller Glück
und vorwärts g'richt den Blick,
so geh i froh durchs Leb'n,
des mir vom Herrn is geb'n.

Es gfreit mi auf der Welt
und brauch dazua koa Geld.
I sag nur grad, na und?
die Hauptsach, i bin gsund.

Mei Herz is voller Freid,
nur manchmoi tuat's ma leid,
wia's ander Leut oft geht,
wia schlecht's um dene steht.

Und wenn i's recht bedenk,
hab i a selten's Gschenk.
I bin a Sonntagskind,
so wia ma's kaum no find't.

Am Kirchweihsonntag, Leit,
da wars mit mir so weit.
Und seit dem Augenblick,
da wohnt bei mir das Glück.

Der Wald is mei Kirch

Der Wald is mei Kirch, hat mei Großmuatta gsagt,
was' damals auch gmoant hat, hab's nia ned dafragt.
Denn dort war i jung und von Gott und der Welt
ham's uns in der Schul was ganz anders erzählt.

Doch heut bin i selber oft draußen im Wald,
ob d' Sonn scheint, ob's regnet, is' warm oder kalt.
Dann denk i oft z'ruck – i war no a Bua,
die Zeit'n warn schlecht, koa Fried und koa Ruah.

Koa Gwand und koa Ess'n, as Leb'n war hart,
der Ofen oft koid und am Liacht hat mag gspart.
A jeder war arm, hat g'jammert und g'schluchzt,
koa Pfarrer, koa Kirch – auch ned 's Bet'n hat gnutzt.

Das Geld war nix wert, es war zum Verrecka,
es hat oam neamd gholf'n, ned Metzger, ned Bäcker.
Der Wald aber – hörst, hat manches oam geb'n,
was ma braucht hat geg'n d' Not und fürs nackerte Leb'n.

A Seegras und Schwammerl, und Kräuter fürn Tee,
statt Butter und Wurst hat's hoid geb'n a Gelee.
Für'n Ofen a Holz und Butzküah dazua,
da hat ma oft garbat und gwerklt grad gnua.

Aus Schleha an Schnaps und an Saft aus die Beer'n,
des macht heut neamd mehr, da drauf könnt ma schwör'n.
Die Zeit is ned notig, ma hat was ma braucht,
denn heut herrscht ja Wohlstand – was abgeht, wird kauft.

Und trotzdem – i geh no zum Brennesselzupf'n
und mach mir davon a rassige Supp'n.
I moan hoid, die Kräuter, die lachn dich o,
jetz nimm mi hoid mit, dafür bin i do.

Der Wald kann dir helf'n aus bitterster Not,
er sorgt für dein Leib – fürs tägliche Brot.
Und seelische Schmerz'n, Bua, des derfst glaub'n,
die muaßt du am best'n dem Wald anvertrau'n.

Ja geh nur ruhig naus, du werst 'as scho seh'ng,
denn geg'n dein Leid – gibt er dir an Seg'n.
Da hörst 'as grad rausch'n und zirp'n und singa,
und drob'n im Himme – kann's schöner ned klinga.

Es raschelt und krapp'lt gar tausendfach
und schützend ob'n drüber das Blätterdach.
Bist ganz alloa – und doch ned verlass'n,
wer des mit sei'm Herz'n kann alles erfass'n,
der sagt vielleicht aa bald,
mei Kirch is der Wald!

Koa Schwammerlwetter

I mag so gern in d' Schwammerl naus
und geh um Fünfe aus'm Haus.
Wo ander Leut im Auto hocka,
fahr i mi'm Radl naus zum Brocka.

Oft is' no frisch in Allerfruah,
dass d' Nas'n tropft in oana Tour.
Und 's Wasser springt ma aus die Aug'n,
i kann diam gar ned richtig schaug'n

Und trotzdem spür i in der Luft,
scho boid an ganz an bsondern Duft.
Is des a Freid, ja Herrschaftseit'n,
i riach ja d' Schwammerl scho von Weit'n.

Mit Korb und Messer in der Hand,
lauf i im Wald drin umanand.
Glei werd i's find'n, meine Schätze,
i kenn's doch, meine Sammelplätze.

An halb'n Tag fast renn i rum,
und schließlich werd's ma doch zu dumm.
Im Korb is no koa Schwammerl drin,
und des is gar ned nach mei'm Sinn.

Dahoam, wia d' Frau nach Schwammerl fragt,
hab i mit Überzeugung gsagt:
„I war bloß drauß und – hab moi gschaugt,
ob für die Schwammerl 's Wetter taugt."

I könnt mi ned beklag'n

Ja grüaß di Nachbar, gibt's was Neis?
geh komm, verzähl, mach koane Meis'.
Ja mei, was soll i dir scho sag'n?
I könnt mi wirklich ned beklag'n.

Und sonst, wia schauts'n aus bei dir?
du kimmst mir heit so dasi für.
Ja mei, was soll i dir scho sag'n?
I könnt mi wirklich ned beklag'n.

Dann geht's dir oiso wirklich guat,
wenn di nix bsonders drucka tuat?
Ja mei, was soll i dir scho sag'n?
I könnt mi wirklich ned beklag'n.

Wia kimmst na mit´m Gart'n klar,
bist z´friedn oder jammerst gar?
Ja mei, was soll i dir scho sag'n?
I könnt mi wirklich ned beklag'n.

Du sagst heit aber gar ned vui
und woaßt gar nix, hab i des Gfui.
Ja mei, was soll i dir scho sag'n?
I könnt mi wirklich ned beklag'n.

Und deiner Frau, wia geht's oiwei,
kimmts ned im Gart'n heit vorbei?
Ja mei, was soll i dir scho sag´n,
de is mia gestern plötzlich g´storb'n.

Inhaltsverzeichnis

Erläuterungen zum Buch.. 5

Ein Wort zuvor 6

Natur – Ein kostbarer Schatz 7

O Mensch, der du vorüber gehst................................ 8

Ich danke für den Tag 9

Meine stummen Freunde 10

Frühlingsahnen 11

Frühlingslust 12

Mein stiller Wiesengrund..14

Gespenstische Weiden...16

Mein Schattenspender...17

Deutsche Eiche ohne Reim 18

Die Zeit ist um..19

Meine alte Linde...20

Ein treuer Helfer 22

Im Walde drin 23

Vergessen ist das alte Leid..24

Waldesruh 25

Waldkonzert..26

Wenn der Wald schweigt 27

O dunkler Wald 28

Herbstwald 29

Du deutscher Wald 30

Pilzsaison 31

O süßer Mond... 32

Nur kalter Braten... 33

November 34

Winterwald 35

Mein Weihnachtsträumchen 36

Schrebergärten – kleine Paradiese............... 37

O Garten du – mein Seelenheil.................................... 38

Wege durch ein Paradies 40

Ein seltsames Gartengebet... 41

Dankbare Rückschau.. 42

Ich fühl den Herbst in mir 43

In Treue fest... 44

Ich träumt´ vom Paradiese... 45

Eine nette Nachbarschaft.. 46

Mein lieber Giersch 48

Im Traum getroffen... 50

Vom Sinn des Lebens.................................... 51

Lebenslauf 52

Und eines Tages wird es sein 54

Affentheater.. 55

Die wahre Kraft 58

Zwischen bangen und hoffen 59

Befrei dich von den schweren Ketten..........................60

Erkenne deinen Lebenssinn..................................61

Der freie Wille...62

Die rechte Speise 63

Falscher Lebenssinn..64

Nur die Liebe zählt...66

Woher – wohin 67

Achte auf deine Werke 68

Lass dich vom Tode nicht erschrecken......................70

Zum Teufel mit dem Satan 71

Schwer drückt die Last...72

Rückschritt...73

Gedanken haben große Macht.................................74

Ach du lieber Mensch 75

Das Schönste in der Welt......................................76

Edel sei der Mensch und gut 77

Immer nur die anderen...78

Wer soll's denn richten...79

Und nirgendwo ist eine Wende................................80

Klassentreffen...82

Mein letztes Klassentreffen 83

Dampfplauderer...84

Schweigen ist ein Teil der Sprache...........................85

Dem Schwätzer sei gesagt 86

SUV-Protzen 87

Der Handywahn 88

Café Togo 89

Sprachverhunzer 90

Schreib einfach wie du willst 91

Der Schwachsinn kennt kein Ende 92

Ist das würklich richtich 94

Schau nur, wie sie kucken 96

Sale, Sale 97

Armes Deutschland 98

Dummheit wächst im Quadrat 100

Zeit bleibt Zeit 101

Ach du liebe Zeit 102

Halt still in dieser Zeit 103

Der beste Tag ist immer heute 104

Das Übel der Welt 105

Ehrenkranz oder Dornenkrone 106

Heimat, bist so fern 108

Heimat ist nicht irgendwo 110

Fortschritt 111

In treuer Pflicht 112

Für Vaterland und Kaiser 113

Der Tod bleibt immer Sieger.......................114

Die Tränen schmecken ach so bitter.......................115

Am Schluss ein wenig Bayerisches............. 117

Vielleicht ham`s recht, die alten Leut.......................118

Und jede Gaudi war uns recht.......................120

Beim Nachbarn drüb'n.......................122

I hab koa Zeit.......................124

Mich fress´n d´ Würm.......................126

Osterhas und Suppnhenna.......................128

I bin a Sonntagskind.......................129

Der Wald is mei Kirch.......................130

Koa Schwammerlwetter.......................132

I könnt mi ned beklag'n.......................133

Nachbemerkung.......................141

.......................144

Nachbemerkung

Eigentlich habe ich zu keiner Zeit vorgehabt, meine Gedichte zu veröffentlichen, denn in meiner Neigung zu dichten sah ich nie etwas anderes als meine ganz persönliche Bereicherung des Alltags und freudvolle Beschäftigung mit dem Wortspiel. Schließlich aber waren es Verwandte, Freunde und Bekannte, die mich dazu ermutigten, meine Gedichte einem erweiterten Kreis zugänglich zu machen. Dabei glaube ich zu wissen, dass es mehr *Dichter* gibt als Menschen, die *Gedichte lesen*. Diese Vermutung lässt meine Zuversicht auf einen (wenn auch nicht hochgesteckten) Erfolg meiner eigenen Gedichte beträchtlich sinken. Daher freut es mich umso mehr, dass Sie, liebe Leserin und lieber Leser, meinen Gedichtband erworben und gelesen haben – oder bist es etwa Du, der mir ein Buch abgenommen hat? Dann freut mich das natürlich genauso.

Da ich aber nicht vernetzt bin, weder über Internetforen wie Facebook, YouTube oder gar mit einer eigenen Homepage aufwarten kann, bleibt mir nur die Möglichkeit, Sie oder Dich persönlich zu bitten, mir beim Anbieter des Buches (Amazon, Ebay, Thalia etc.) eine Kundenrezension zukommen zu lassen. Wie auch immer die Bewertung ausfallen mag, bin ich allen, die mir auf diesem Wege entgegenkommen, sehr dankbar.

Der Autor ist 1937 in Ingolstadt geboren und schreibt Gedichte und Kurzgeschichten.

Der vorliegende Gedichtband ist zwar sein Erstlingswerk, aber zwei weitere Werk mit den Titeln „Geschichten aus der Kriegs- und Nachkriegszeit" sowie „Ländliche Geschichten" befindet sich in Vorbereitung.